# A BORD DU PHLÉGÉTHON

# A BORD

DU

# PHLÉGÉTHON

OU

# MA VIE MARITIME

(1854-56)

## Docteur A. BADOUR

Médecin principal de I<sup>re</sup> classe de l'Armée en retraite,
Ex-Médecin-Chef du Val-de-Grâce,
Officier de la Légion d'Honneur,
Officier de l'Instruction Publique.

TULLE

IMPRIMERIE DE J. MAZEYRIE

—

1895

L'ESPRIT humain dans sa sempiternelle igno-
rance de la destinée finale et dans son intui-
tion de la perpétuité des forces desquelles il est la
plus haute expression, a créé les légendes qu'ont
propagées et maintenues la crédulité naïve. et
l'amour du merveilleux.

Les conceptions mythologiques en ont été et en
sont toujours une éclatante manifestation.

Cela soit dit pour donner corps à l'idée suggérée
par le mot Phlégéthon.

Vous savez, amis lecteurs, ou vous ne savez pas
et dans ce cas laissez-moi vous l'apprendre, que ce
mot désigne un des fleuves de l'enfer des païens.

C'était le fleuve aux eaux bouillantes, d'où déri-
vent sans contredit nos flammes d'outre-tombe.

Je présume qu'à y passer c'était pour s'expurger,
à moins qu'on n'y restât pour toujours y bouillir.

Aujourd'hui on rôtit dans un sens ou dans l'autre ; si la forme a varié, le fonds est identique.

En tout cas, cette dénomination s'applique d'autant mieux à un navire à vapeur qu'on peut indifféremment y bouillir ou rôtir.

Et c'est ainsi en effet que s'appelait celui sur lequel je vécus plus de deux ans au début de ma carrière.

Et maintenant, bonne fée, enseigne-moi où tu caches ta baguette.

# I

## UN BRIN DE PHILOSOPHIE

'IL est dans la nature que le présent soit meilleur que le passé et que l'avenir doive être meilleur que le présent, si l'humanité va sans cesse vers des régions supérieures de lumière et de liberté, cela ne veut pas dire qu'en bien des points nous fassions aussi bien que les ancêtres et qu'en d'autres de réelles beautés n'aient pour toujours disparu.

Il n'y a qu'à voir et entendre pour s'en convaincre et pour comprendre que les louanges des souvenirs éteints, si elles comportent des regrets et quelque amertume, ne sont que la constatation de faits irrécusables.

Et je le démontre en nuançant le plaisir que j'y éprouve d'un brin de philosophie.

Ainsi, au point de vue familial, il est certain que nous sommes descendus des hauteurs sereines du patriarcat, cette antique et très respectable chefferie, dans les bas-fonds d'une aimable indifférence. Cela est venu peu à peu, s'est établi, a grandi. Ce n'est ni de la froideur, ni de la faiblesse ; c'est l'état d'âme de cette fin de siècle qui, d'une manière générale, n'a plus rien de commun avec la régularité des habitudes et la simplicité des mœurs.

Voyez l'éducation : dès le début elle se cultive sur un terrain étranger, et l'internat qui éloigne des parents et la domesticité qui les remplace fréquemment au foyer, continuent la nourrice et même le biberon.

Les soucis de l'existence qui deviennent de plus en plus cuisants à mesure que croissent les difficultés, les besoins nouveaux qui transforment le superflu en nécessaire, ou la misère qui plus sûrement conduit au même résultat, détournent des devoirs les plus naturels qui sont considérés comme des charges.

« J'aimerais mieux voir mourir ma femme que voir mourir mes bœufs », cela se chante ; les vieux sont à la charge des jeunes, cela se voit ; et les jeunes ne veulent plus d'enfants, cela se fait.

Plus tard, de père à fils, si les liens sont relâchés dans le sens de la déférence, les distances se rapprochent pour les folles joies et l'entière indépendance. On se traite en camarades ; on ne craint ni ciel, ni terre ; on veut vivre en liberté avec des roses sur la tête, comme Momus.

Et la société n'étant que le reflet de la famille, le goût du respect pour le talent et l'expérience, pour la dignité de la vie et la saine autorité disparaît également.

Rien n'est assis, tout est en l'air et moralement c'est de la dégringolade, de laquelle cependant on peut se relever, l'esprit étant muable et les ressorts vitaux n'étant que dévoyés.

Dans l'ordre matériel, l'esthétique moderne n'a pas encore trouvé mieux que d'imiter servilement l'ancienne. C'est toujours la même formule et la même recette, et il ne paraît pas qu'on soit près d'en changer.

Nous élevons des édifices somptueux dans lesquels le bien-être le dispute à l'élégance, nous ouvrons de vastes boulevards d'où le grand air chasse les malsaines buées, nous creusons des égouts où les bateaux circulent. Nos chemins de fer, nos machines à vapeur, notre électricité ont renouvelé la face de la terre.

Nous avons inventé la bière, le café et même le tabac, les raffinements de casserole et la douceur des crêmes. J'ai même la bonne fortune d'en partager la jouissance avec beaucoup de mes contemporains, à l'exception toutefois de la plante de Nicot contre les méfaits possibles de laquelle, pour en être personnellement certain, je ne saurais trop m'inscrire.

Mais en vérité où est la recherche neuve, où est l'expression inédite dans le domaine de l'art?

En ce point, hélas ! c'est le lot des époques de transition de piétiner sur place ou de marcher dans les sentiers battus. Car je ne suppose pas que nos aspirations vers l'idéal soient présentement satisfaites par nos œuvres de science.

Heureusement, et en attendant que nous innovions et le criions sur un ton de trompette qui sonne la victoire, les beautés antiques rayonnent sous la patine des siècles, construites sur le roc.

Et la preuve que nous valons mieux que je n'ai l'air de le dire, c'est que le beau n'étant qu'une forme du bien, elles ne cessent d'être l'objet de notre admiration.

## II

### L'ESCADRE A VOILES

JE me garderai bien d'établir une comparaison entre une colonnade grecque, un dôme latin, des arceaux gothiques et notre vieille marine, celle sur laquelle et avec laquelle j'eus autrefois le sort de naviguer et qui n'écrivait encore son histoire qu'avec du bois et de la toile. Ces diverses manifestations du génie ne sont pas comparables.

Elle n'était pas moins une admirable chose, cette vieille marine avec ses hardis vaisseaux, ses frégates élancées, ses pimpantes corvettes et ses bricks aux flancs étroits. Et, si les citadelles flottantes de nos jours, vivantes et vibrantes comme alors, en imposent plus que jamais par leur puissance, elles n'ont plus ces splendeurs qui représentaient à la fois la force majestueuse, la grâce et la beauté. Car ces splendeurs sont trépassées ; on ne les verra plus.

C'est que dans ce temps-là, avant que la vapeur transformât la marine si complètement qu'elle est méconnaissable, avant que le matelot devint un chauffeur ou un mécanicien, et que le mécanicien fût admis au rang d'officier et pût s'élever à de très hauts grades dans la hiérarchie, il y avait des voiles et des marins au sens propre du mot pour les faire valoir, c'est-à-dire des hommes suspendus à toute heure entre le ciel et l'eau, qui allaient et venaient cramponnés à des cordes sur des vergues branlantes, sans crainte du danger, bravement, simplement.

Il y en a toujours de ces cœurs vaillants et nos côtes en sont peuplées. Mais, je le répète, la flotte n'est plus et c'est ailleurs que le marin s'éprouve.

Et puis, pardonnez-moi de secouer ces miettes de l'histoire et de tressaillir encore par cette hantise d'un passé disparu.

Et écoutez-moi.

Un des plus ravissants spectacles auxquels j'aie jamais assisté, fut celui de notre escadre remontant la Baltique.

Les vapeurs, le *Phlégéthon* en tête, étaient sous le vent à tribord; avec eux deux lignes de vaisseaux et une ligne de frégates à espacements égaux s'avançaient parallèlement sous une brise qui faisait tout juste moutonner la mer.

On était aux longs jours de cette latitude, jours qui ne finissent que pour recommencer dans les lueurs mêlées du crépuscule et de l'aurore.

Toutes les voiles étaient dehors, s'étageant des bonnettes basses aux cacatois et s'allongeant des focs jusqu'à la brigantine sans un pli et un faséiement.

Et tout ce monde marchait dans un ordre tellement régulier qu'on ne s'en apercevait qu'à l'écume des flots se brisant sur l'étrave et au sillage fuyant derrière le gouvernail.

Je les vois encore toutes ces voiles blanches, artistement rangées et délicieusement gonflées, filer doucement sur les ondes vertes de cette Méditerranée du Nord. Et je me rajeunis à cette vision enchanteresse, de même que la nature se réveille sous les chauds baisers des effluves printaniers.

Et quand l'aquilon souffla directement, on fut pour avancer obligé de louvoyer. On gouvernait au plus près, c'est-à-dire presque debout au vent et il fallait virer pour ne pas s'écarter de la route, ce qui ordinairement s'exécute vent devant.

Quel émouvant tableau quand l'officier qui présidait à la manœuvre, laquelle exige une précision absolue, lançait le commandement de pare à virer ! Rien ne bougeait, tous les cordages étaient en mains, on était prêt.

Et le mot « virez » retentissait.

Alors tout s'ébranlait dans un ordre parfait ; les sifflets perçaient l'air, les cordes grinçaient et successivement les groupes de voiles changeaient d'amures, tandis que les timonniers, à la barre attentifs, suivaient le mouvement.

Et le navire obéissant se penchait sur le flanc opposé pour continuer sa marche.

Et cela se passait à la fois dans toute l'escadre. Vous pensez que je n'en perdais rien, me blottissant dans un coin pour bien voir et n'être pas gênant.

Le *Phlégéthon*, en raison de sa courte mâture et de la longueur de sa coque, avait du mal à tourner sans s'aider de ses feux. Le commandant avisé et ne voulant pas être en reste, amenait sa baleinière, six gabiers d'élite s'y affalaient, frappaient une amarre sur la martingale, et, nageant à tous bras, abattaient le navire. Le boujaron de tafia ou la double ration de vin étaient naturellement la suite de cet accommodement.

Dans ce même temps, un homme tomba à la mer et ne fut pas retrouvé, s'étant probablement tué dans sa chute en se heurtant au bord. Et je fus en cette triste circonstance témoin de la rapidité avec laquelle s'exécute une autre manœuvre d'ensemble, la mise en panne qui consiste, en contrariant le jeu des voiles, à stopper le plus vite possible pour, dans le cas spécial, sonder la mer et recueillir les bouées de sauvetage. Je fus même étonné de la distance parcourue pendant qu'on manœuvrait.

Ah ! c'est que ce n'est pas une mince affaire que d'immobiliser un navire qui évolue. Et Dieu sait, quand il arrive au port, avec quelle sage lenteur il se prépare au mouillage.

## III

### LE *PHLÉGÉTHON*

OUJOURS est-il que le *Phlégéthon* était une jolie corvette à la carène étroite et longue qui, par son hélice ou le grand largue de ses trois mâts-barque, filait également quatorze nœuds : ce qui à cette époque était réputé une belle vitesse.

Regardez la, cette fine corvette, courant sous vapeur, tribord-amures, un ris dans les huniers — une allure commune par le beau temps, la bonne brise où doucement penchée elle fendait les flots, leste et coquette dans la grande lumière, ou dans l'ombre croissante glissant comme un fantôme — et avouez qu'elle ne portait de l'enfer que son nom et de sombres couleurs.

Elle était armée en batterie-barbette de dix canons qui à quatre cents mètres (volée utile, qu'en dites-vous, jeunes gens ?) lançaient des boulets pleins ou ramés, des grappes de biscaïens et des obus de vingt-deux centimètres.

Leur éclat rompait les oreilles au point qu'après de multiples décharges nous étions tous sourds, comme il advint souventes fois, entr'autres à l'attaque de Bomarsund ou quand sans désemparer cent coups furent tirés pour la naissance d'un héritier ou la signature de la paix.

Pour moi, lorsque l'événement ne m'appelait pas sur le pont, j'étais quand même obligé de déserter le poste au-dessus duquel était une de ces grosses pièces.

L'équipage se composait de deux cents hommes environ, y compris l'état-major dont, comme chirurgien auxiliaire, j'étais la minuscule part.

J'avais vingt-et-un ans, cet âge où, pour construire des châteaux en Espagne, il n'est pas besoin de fortes assises. J'avais une excellente santé et l'envie de bien faire, noble envie que j'ai tenue des miens et à qui j'en rapporte tout le mérite. Car, si dans la société l'exemple doit venir d'en haut, dans la famille rien ne vaut celui qui provient des parents et que l'on suit d'instinct.

Et j'aimais beaucoup le travail : ce pour quoi en quittant Paris où j'étais à la veille de prendre ma onzième inscription, j'avais emporté les livres essentiels à la continuation de mes études.

D'ailleurs j'étais né pour subir des examens et j'en avais si peu peur que j'invitais les amis à y assister ; leur présence m'émoustillait. Etudiant, c'était au moins deux fois par an pour le compte de la Faculté, des Hôpitaux ou de l'Ecole pratique. Pour le Doctorat ça n'en finissait pas. A mon entrée dans l'Armée ce fut une avalanche, etc.

Bref, pour la Marine où l'on n'abordait pas comme chez soi, même avec les meilleures notes, et où dans l'impossibilité d'acheter un remplaçant j'allais remplir mes obligations militaires, (elle venait de faire appel aux élèves en médecine pour renforcer ses cadres insuffisants), je dus en subir un et, classé le premier selon une habitude familière, je fus invité à choisir mon embarquement.

C'était à Cherbourg où pour la première fois je m'étais extasié au spectacle de la mer.

Le Président du Conseil de Santé ayant l'intention de me placer seul sur un brick, je lui fis remarquer qu'en optant pour cet emploi j'assumerais une responsabilité que

mes connaissances ne me permettraient pas de tenter avec
tout l'honneur désirable. Voyez-vous ma timide inexpé-
rience réduite à ses propres forces dans un cas grave ? Il
n'insista pas et c'est ainsi que je pris la seconde place du
*Phlégéthon.*

J'y logeais dans le poste des Aspirants dont j'avais le
galon d'or sur du velours grenat qui m'a toujours paru le
plus beau des velours.

Et ce poste où il y avait place règlementairement pour
trois et où nous ne cessâmes pas d'être cinq, avait des dimensions dignes d'être fixées : deux mètres cinquante de long,
autant de large et deux mètres de haut entre les barreaux
du pont, où se suspendaient trois spécimens de cette bran-
lante et solide couchette qu'on nomme le hamac et dont
l'usage fait très vite apprécier les avantages.

Au début, cette couchette était étrange pour un Limou-
sin accoutumé au lit de ses pères. On s'y installait mal, on
y était bridé, engoncé, pelotonné, ou les araignées n'étant
pas bien ajustées, on risquait de tomber. La première nuit
je n'y fermai pas l'œil. Puis on le bordait mieux, on étalait convenablement ses attaches de tête. Enfin, avec une
couverture plus ou moins étoffée suivant la saison, on y
trouvait ses aises et même on s'y délectait, surtout par le
roulis que l'on y narguait avec bonheur. Alors vraiment
c'était un berceau sur les flots.

Contre la cloison-arrière existait une rangée de doubles
armoires superposées et constituées par une seule et même
menuiserie, où était casé le matériel de chacun ; le long du
bord un caisson pour les provisions sur lequel couchait un
des hôtes et dont, pour y avoir mon siège, je culottais un
coin. Contre la cloison-avant, en travers par conséquent
et à mi-hauteur, s'accrochait le cinquième hamac dont les
balancements contraires à la normale étaient le sujet de
plaintes très fondées.

Dans un angle étaient deux planchettes trouées pour la
cuvette et la lampe au repos, dans un autre une étagère à
livres et au milieu une table ronde cramponnée au sol et

munie pour le roulis d'un surtout à chevilles : cette table occupait les trois quarts de l'espace.

La cloison à porte du faux-pont se terminait supérieurement par une claire-voie destinée au renouvellement de l'air qui ne se renouvelait guère, quand l'unique hublot était verrouillé, hublot dont, soucieux de notre hygiène et malgré la consigne, je ne vissais complètement l'écrou que par la mer mauvaise.

Et, bien entendu, rien ne traînait et c'était propre comme un sou. On lave si commodément à bord et pour cela tout y est si parfaitement organisé !

Après cela, vous qui m'écoutez et qui avez de l'ordre, vous ne vous figurez pas à quel degré il atteint sur un bâtiment, à moins que vous ne vous le soyez demandé à la vue d'un déchargement sur les quais d'un port. Où diable c'est-il logé tout ce qui en débarque ? A Bône bien plus tard je ne revenais pas de voir emballer un millier de moutons dans un quatre-mâts chargé, à couler, de minerai de fer, et déballer au retour, outre des tas de marchandises, d'énormes foudres tout montés.

Et vous jugez si dans ce poste où les sièges étaient des pliants, on avait l'aisance des coudes, comme aux sermons de Cotin. On s'y heurtait sans cesse malgré soi et, si forcément les angles s'y émoussaient, ce n'étaient pas les caractères dont la dissemblance par ce fait même ressortait davantage.

Au carré des officiers où la salle commune était bordée d'une cabine pour chacun, cette disposition était encore plus frappante, probablement parce que les froissements y sont d'autant plus sensibles que l'âge y est moins tendre.

Songez donc : ne pas pouvoir éternuer sans que toute la société en soit témoin et fasse à ce sujet des réflexions quelconques, pendant de longs mois, tout le temps, et le jour et la nuit, cela ne manque pas de bientôt devenir crispant et intolérable.

En d'autres termes et contrairement au *væ soli* de la Bible, jamais seul, telle est la situation, si ce n'est à la à la bouteille qui n'est pas celle que vous pensez, que je n'oserais définir et dont il n'appartiendrait qu'à la langue rabelaisienne de vanter les grandes et précieuses commodités.

Dans ce cas, je suis sûr qu'elle ne se retiendrait pas de vous barytonner que les caillebotis de la poulaine, à l'usage du commun des martyrs que je n'enviais pas, sont également très commodes, à cela près qu'il faut y avoir le pied marin et n'y pas redouter les ablutions forcées, quand le mât de beaupré pique le nez dans la mer et que les paquets d'eau lui lèchent les babines.

# IV

## LA VIE A BORD

ET j'y vécus plus de deux ans dans les péripéties les plus diverses, au contact permanent de deux groupes de jeunes gens qui, malgré la différence de leur origine, me considéraient comme leur chef.

Ils étaient un peu plus jeunes que moi et positivement j'avais le physique de l'emploi avec mon air rassis et mes grands favoris ; car j'avais coupé la moustache qui n'était pas de mise dans la marine et j'y avais eu de la peine. Ne sied-elle pas bien à la jeunesse comme la barbe à tous les âges ? Sans vouloir vous offusquer si vous n'êtes pas de mon avis, vous représentez-vous tout rasés le Père Eternel, Jésus-Christ, les apôtres et tant d'autres ?

De plus, j'étais le Docteur (en herbe) qui ne monte pas le quart, qui est présent à toute heure et à qui en effet il semble naturel que soient dévolues les fonctions de chef, oh ! de chef peu incommode, sa maîtrise consistant en une corvée dont chacun tient à ne pas assumer la charge.

Elle s'exerçait uniquement sur les soins intérieurs, propreté, cuisine, dépenses communes, quelquefois arbitrage dans les petites querelles. Et mon Dieu ! oui ; pour ne l'avoir jamais été au sens propre de l'expression, j'étais déjà père de famille et je crois, ma parole, que déjà tout bas j'en avais le surnom.

Je dirigeais surtout la gamelle, étant très-ménager des sous communs en prévision des moments difficiles dont nous eûmes de remarquables échantillons.

On avait les vivres du bord qui, à la grande rigueur, auraient pu suffire. Les matelots en avaient-ils davantage ? Mais nous étions des petits Messieurs, et l'Etat le prévoyait en nous allouant une somme mensuelle, proportionnée à notre rang modeste et non à nos désirs. On n'est jamais content, et franchement on a des besoins d'autant plus vifs qu'on est plus sous-lieutenant.

J'ai été dans l'armée sous les ordres d'un colonel qui trouvait mauvais qu'on payàt au prorata du grade, et ordonnait en conséquence, prétendant qu'il n'en prenait pas pour son argent, au contraire des jeunes qui dépassaient les bornes.

Avec les ressources susdites, quand nous n'étions pas trop longtemps sans aborder quelque part, tout allait bien, régulièrement, comme sur des roulettes. On s'offrait quelques suppléments de vivres frais, des fruits, des friandises. Mais on avait beau se prémunir, il arrivait qu'on était des mois sans pouvoir se refaire, et alors on était à la cape : ça ne marchait plus et l'on se débattait littéralement au milieu d'une détresse lamentable.

Et j'étais l'objet des quolibets les plus amers : car l'amertume débordait du fond de tous les cœurs (entendez estomacs). « Qu'y a-t-il pour déjeuner ? — Du lard et des fayols.— Qu'y a-t-il pour dîner ? — Des fayols et du lard. » Telle était l'invariable réponse à ces questions saugrenues. Et cette vulgaire marchandise n'était pas, je vous assure, de première qualité.

Nous ne pouvions pas sentir la gourgane (fève commune): c'était plus fort que nous.

Mais heureusement le vin ne manquait pas, le cambusier consentant à remplacer le tafia que nous ne consommions guère par son équivalence en cette boisson qui, pour n'être pas fameuse, était réconfortante.

A ce propos, j'ouvre et ferme une parenthèse et je dis que j'ai souvent expertisé en réception de vivres. J'avais une fois conclu par un rapport très motivé à la trèsmauvaise qualité d'un vin : à quoi l'administration, ètre impersonnel qui n'a ni cœur ni entrailles, répondit qu'il était tiré et qu'il fallait le boire.

L'eau potable était emmagasinée à fond de cale dans les caisses en tôle traditionnelles qui la conservaient relativement fraîche et bonne, grâce à de fréquentes escales pendant lesquelles elle était toujours renouvelée. Par exemple si après un long usage elle restait inodore, elle n'était plus ni incolore, ni insipide ; jaune et ocreuse elle ternissait la carafe et ce n'était pas sans soif qu'on se décidait à en boire. Elle n'en gardait pas moins sa valeur pour la cuisson des aliments.

L'eau distillée que fournissait la machine, était employée au lavage du linge que sa provenance ne blanchissait pas du tout : ce qui, étant donnée la tenue à revers, nécessitait une économie spéciale pour les cérémonies.

Quotidiennement, il se cuisait une ration de pain par un matelot-boulanger qui savait son métier. Rarement on utilisait le biscuit : c'était par les disettes ou les fringales et on avait le soin de s'assurer qu'il n'était pas cussonné.

La tête de mort (fromage de Hollande) généralement peu goûtée, était une ressource. Il y avait vingt grammes de café et vingt-cinq grammes d'une cassonnade rousse dans laquelle se trouvaient quelquefois des crottes de rat et toujours des chiques de nègre (concrétions de mélasse).

Nous tirions au sort ou nous jouions en deux mille de bézigue (comme des vieux) quelques minimes portions des quatre mendiants que je distribuais avec une parcimonie extrême, et le gagnant faisait la nique aux autres.

Ce fut dans une de ces famines relatives que le commandant, qui était un malin, me demanda comment je me comportais avec la vache enragée. Je lui répliquai que je n'avais pas attendu de venir à son bord pour acquérir cette connaissance et que là-dessus, sans me flatter, j'étais capable de donner des leçons.

Et rien n'était plus vrai. Pour constater un fait sans autrement l'apprécier, n'avais-je pas à Paris accompli ma première année d'études (1851-52) avec soixante francs par mois?

Et il est certain que je ne m'inquiétais guère de la portion congrue, escomptant d'ailleurs la revanche comme les camarades.

Ah ! mes amis, il fallait voir alors à quelle franche ripaille on se livrait au poste. Ce n'était plus la noce, c'était la folle orgie et quelle allégresse !

Un jour, au retour dans le Bosphore d'une très longue station devant Sébastopol où nous avions monté une garde affreusement sévère, j'allai, aussitôt après le mouillage habituel de Beïkos, faire des provisions à Thérapia avec le youyou et notre matelot. Ce que j'en rapportai de victuailles de toutes sortes, viandes, poissons, légumes, fruits et gâteaux, voire des vins, Dieu me pardonne ! vous ne le croiriez pas.

N'avions-nous pas d'opulentes économies ?

Etant creux comme des tambours, nous ne finissions pas de dévorer, en conscience et à pleines mâchoires, sous prétexte de réparer le temps perdu. Nous buvions pour trinquer et nous trinquions pour boire. Et, je vous le dis en vérité, nous restâmes vingt-quatre heures à table et nous n'eûmes pas d'indigestion.

En voilà un repas qui n'est pas sorti de ma mémoire !

Et l'on dormait comme on dort à cet âge où, si soucieux de l'avenir que l'on soit, les rêves s'envolent dans des nuages roses. On dormait jusqu'au quart du matin que faisait invariablement le second du bord, un loup de mer qui a atteint tous les sommets militaires et administratifs.

Cet homme était féroce et narquois. Il fallait se lever à quatre heures comme lui (une heure impossible, convenez-en) et il y tenait, il y prenait plaisir. Quand la cloche piquait le premier coup de son quart, tribordais et babordais, tout le monde était debout. Il ne voulait absolument pas qu'un hamac manquât aux bastingages et comme j'en avais un, je m'en extrayais, non sans gémir, comme le dernier des mousses, à cette heure d'autant plus indue que pour deux raisons je ne me pressais pas de me coucher : je travaillais pendant que les aspirants se reposaient avant ou après le service ; et il me fallait éteindre et déplacer la lampe pour accrocher mon hamac, auquel mes fonctions avaient naturellement assigné la même place médiane.

Et je ne savais où me mettre, tandis que les bailles d'eau s'épandaient partout et que les fauberts épongeaient ou balayaient les microbes, bactéries et bacilles que nous n'avions pas encore inventés et qui n'en existaient pas moins, aussi redoutables les uns que les autres.

Quand le temps était beau ou seulement supportable, je me réfugiais à la timonnerie avec laquelle j'étais au mieux du reste, y usant et abusant de la longue-vue et m'y familiarisant avec tous les signaux : ingénieux télégraphe qui compose un langage complet par les mille combinaisons d'un nombre restreint de pavillons et flammes aux couleurs vives et tranchantes.

Autrement je me sauvais dans ma minuscule pharmacie que l'infirmier n'aspergeait qu'après la visite et les manipulations, et où je lisais et j'étudiais.

Seriez-vous étonnés, lecteurs sans esprit de parti, si j'ajoutais que cette brimade (réglementaire) avait le don de tendre mes nerfs, pourtant peu enclins à cet exercice, et de me pousser à la culture de l'ombellifère qu'il est inutile de nommer ? Je vous déclare même sans le moindre scrupule que j'avais des succès à cette culture par intermittences habilement provoquées ou saisies à propos. La botanique dans les sciences naturelles ne fut-elle pas une de mes cordes favorites ?

Pendant le jour, aux heures de repos, je ne me lassais jamais de contempler la mer dont la surface est si changeante. Dès que quelque particularité s'y présentait, j'avais pris mes mesures pour en être averti, et j'accourais pour voir.

C'était une voile, un vapeur ou un vaisseau de guerre. C'était une troupe de marsouins, ces étranges mammifères qui par leur forme et leur milieu ressemblent à d'énormes poissons, et qui tenaient tête au bateau dont ils happaient les déchets. C'était la prise d'un ris à la fraîcheur du vent.

C'était la lune émergeant des flots en un globe enflammé qui donnait l'illusion d'un vaisseau incendié ; ou c'était dans la nuit le remous du bateau dont la phosphorescence éclairait le sillage.

Un soir d'automne, entre Malte et Matapan, par un ciel orageux, deux trombes s'élevèrent à quelques encâblures, tournoyèrent quelques instants et se rompirent sur un soulèvement de vagues en cônes opposés qui bientôt disparurent.

Il va sans dire que j'étais toujours prêt à fixer les horizons terrestres dont la variété, à naviguer dans les mers européennes, procurait de fréquentes et agréables diversions.

Et je descendais à terre toutes les fois que l'occasion était propice.

## V

### LE DÉPART

LA meilleure preuve que l'on a de la persistance de sa propre conscience, c'est la mémoire qui étend le sentiment de l'identité sur tous les moments de l'existence. Pour ma part, j'en avais assez pour retenir jusqu'aux moindres événements et présentement je ne les décris guère autrement qu'il y a quarante ans, ainsi qu'en font foi les volumes épistolaires conservés par les soins maternels.

Oui, je n'ai besoin en quelque sorte que de coordonner, en les copiant, mes juvéniles impressions.

Quel triste départ, quand j'y pense, et quelle destinée inconnue !

Mes parents éplorés, mes frères inquiets dont un devait bientôt mourir, moi-même plein d'angoisses en mon for intérieur, mes études rompues, et, affreuse perspective ! la guerre sur mer à laquelle j'allais participer en tant que chirurgien (ce qui par une chance inespérée était une compensation très appréciable, puisque je partais pour mon sort), tout contribua à faire plus douloureusement sentir l'amertume de la séparation.

Où était le temps où les fonds de culotte s'usaient avec acharnement sur les bancs vermoulus du collège, où le rire éclatait en joyeuses fanfares, où il n'y avait pas de larmes sérieuses ? Car ce n'était pas un rêve, cette subite entrée dans l'âpre mêlée du monde.

Et qui m'eût dit alors qu'à évoquer ces cruelles émotions je goûterais des charmes ?

 Bref, par la clarté dorée d'une soirée de mars, je m'emballai dans une grosse et pesante diligence des antiques messageries. La guimbarde s'en allait, montée sur une prolonge de chemin de fer jusqu'à Louviers, où elle reprenait les roues et l'attelage quittés à la gare Saint-Lazare, puis trottait sur la route, à trois lieues par heure à force de relais, jusqu'à Cherbourg en passant par Lisieux où la nuit m'empêcha de rien voir, par Caen dont à l'aube j'eus dans une assez longue halte le loisir d'entrevoir une belle cathédrale (comme partout), une statue du roi-soleil, le canal et le casque à mèche des femmes du peuple, par Bayeux au style ancien de ses maisons et ensuite par des plaines plantureuses où paissaient librement des troupeaux de bétail.

A midi je bus du cidre dans la petite ville de Saint-Lô, où l'on descendait par une pente rapide, ne me doutant pas alors du rôle certain qu'a cette boisson dans l'usure et la perte prématurée des dents en pays normand : ainsi que je m'en assurai dans la révision des territoriaux à la fin de 1874.

Là, pour la seconde fois dans le populaire où se maintient l'originalité propre à chaque pays, je remarquai la singulière coiffure des paysannes en noces : un édifice de tulle ou dentelle comportant une énorme cage flanquée de grandes ailes. Cette bizarrerie est d'autant plus drôle que les vents impétueux sont fréquents dans la contrée.

A Carentan on aperçut les brumes de la mer. La nuit tombait à Valognes et à huit heures on dételait à Cherbourg.

O trajets longs et fatigants, mais pittoresques et instructifs, qui voudrait aujourd'hui s'y astreindre ? et les nouvelles générations se doutent-elles qu'ils aient jamais existé ?

Auparavant, à mon départ de Tulle pour Toulouse où j'allais subir le baccalauréat, ou pour Paris où j'allais passer ma première année de médecine, j'avais fait des voyages pareils, et pareillement j'en avais tiré parti pour satisfaire mon avide curiosité. Aller et revenir permettaient de tout voir.

Les diverses configurations du sol, les accidents de terrain, les points de vue variés qu'on avait le temps de fixer, les descentes vertigineuses, les montées que l'on grimpait à pied pour alléger la voiture et se déraidir les jambes, les courses en plaine, l'aspect général des villes et des bourgs dont les principaux attraits défilaient au passage, la table d'hôte d'où le conducteur vous arrachait trop tôt au bénéfice de l'hôtel et au sien assurément (j'eus à Cahors l'utile aplomb d'emporter un poulet et les accessoires et de m'en régaler à sa barbe dans l'impériale où j'étais juché), quel vieux jeu, n'est-ce pas ? Mais n'y avait-il pas en ces vieilleries quelques beautés réelles et ces beautés disparues ne valent-elles pas quelques regrets ?

Enfin j'étais au port dans le sens opposé à celui qu'on entend.

Les démarches de la première heure, les soucis d'un examen à plusieurs épreuves que je croyais difficile, les tracas du vestiaire dont la dépense s'éleva à un millier de francs (dépense monstrueuse qui me mit à la tête d'un important bagage) m'enlevèrent tout d'abord l'envie de me distraire aux nouveautés de ma situation.

Néanmoins j'étais pressé d'aller contempler la mer et je ne tardai pas à m'offrir ce plaisir.

Je me souviendrai toujours de l'heure où je la vis pour la première fois et, bien que son image me fût familière, combien je fus frappé par la réalité.

Pour que le spectacle fût complet, j'étais monté sur les hauteurs du Roule d'où l'on embrasse devant soi, et à droite et à gauche, un très-vaste horizon.

Quelle majestueuse grandeur, quel sublime silence et quelle apparente immobilité !

L'atmosphère était limpide et l'œil s'étendait jusqu'aux confins de la mer et du ciel qui semblaient se confondre. J'avais appris le bateau qui s'en va et s'immerge peu à peu, celui qui vient et peu à peu semble sortir de l'onde, la barque qui louvoie, la lame qui écume sur la plage ; mais je le voyais et j'étais fasciné.

Que serait-ce bientôt, quand par un beau soleil cet horizon se déroulerait parfaitement circulaire ?

La marée me laissa presque froid, quoique le phénomène fût bien curieux. Je n'aimais pas les fonds vaseux des bassins dont deux fois par jour elle étale la hideur. Au contraire, quand elle montait avec le vent, j'allai là-bas à Equeurdreville admirer le bruyant roulement des galets sur la grève.

Je fus naturellement extasié par la visite du port et des bassins à flot dont un se creusait sous l'effort des mineurs, par les cales de construction et les bâtiments en chantier, par une frégate armée que je visitai sur rade, par la digue célèbre qui refrène l'Océan en furie et de loin apparaît comme un trait.

Et je marchais de surprise en surprise.

Une des plus fortes fut causée par un événement qui, pour être fréquent dans les ports, excite toujours des transports d'admiration, c'est-à-dire par le lancement d'un vaisseau (le vaisseau à deux ponts, *le Tilsitt*), sous lequel j'avais passé pour me faire une idée précise de son imposante masse. Et je fus réellement stupéfié quand, orné de pavillons et couvert de monde, il se détacha lentement de sa base à la rupture successive de ses puissantes amarres, accentua sa vitesse et se précipita dans un tourbillon d'écume.

Tous ces faits se passaient, tandis que le *Phlégéthon* terminait ses apprêts, et insensiblement je m'identifiais à mes nouvelles fonctions. Peu à peu je m'imprégnais de la sérénité ou plutôt de la virile inconscience de gens qui ont fait le tour du monde et parlent d'un voyage en Océanie comme on parle à Paris d'un voyage à Saint-Cloud.

Et j'écrivais ceci :

..... « La mer ne m'effraie pas. Elevé à m'accommoder de tout, ayant tout prévu et presque sûr de ne rien rencontrer qui me trouble ou m'arrête, j'envisage de gaîté de cœur mes secondes habitudes. Je n'ai pas encore quitté la terre et déjà je mesure sans sourciller l'abime qui s'ouvre devant moi. N'est-il pas entouré de fleurs pour l'étudiant besoigneux devenu officier du jour au lendemain ?... »

# VI

## LA BALTIQUE

Je ne sais pas si mon cœur battit fort quand nous prîmes la mer, un beau matin de mai. Ce que je sais, c'est que j'avais écrit à mes parents de ne pas s'inquiéter, que j'avais bon espoir et que je reviendrais.

Ce que je sais surtout, c'est qu'à part quelques vertiges en entrant dans la Manche que la houle agitait, je n'eus jamais le mal de mer, ce mal atroce dont j'ai été mille fois le témoin et que rien ne soulage efficacement, sinon le calme absolu dans le grand air et la position horizontale.

Une seule fois je ne participai au repas que du bout des dents et dès le premier soir j'étais amariné, allant et venant sur le pont comme un ancien.

Et je ne le quittai guère ce jour-là, tant j'étais ardent à tout contempler, de la vague dont les ressauts dérobaient à la vue la barque du pêcheur jusqu'à l'horizon immense et sans limites, qui de tous côtés nous cerclait.

Mon regard émerveillé ne pouvait se rassasier de cette féerique amplitude qui déconcerte les conceptions les plus audacieuses du génie humain. Et mon profond saisissement ne cessa qu'aux derniers flamboiements du soleil s'éteignant dans la mer.

Puis l'ombre vint, la grande ombre, et il n'y eut plus dans les airs que le bruit cadencé de notre grande hélice et le ciel souriant par toutes ses étoiles.

Le lendemain, nous étions en rade des Dunes à l'embouchure de la Tamise, où je descendis à terre pour visiter la coquette ville de Deal qui s'étend le long d'une côte peu élevée avec des rues propres, de nombreux jardins et une vieille tour qui tire l'œil. La mer à l'Est était infinie et partout sillonnée de navires.

Où était Cherbourg avec ses escarpements et ses hautes collines ? Où était notre beau pays de France où il fait si bon vivre ?

Un incident marqua la calme traversée de la mer du Nord. Un bateau de commerce russe fut rencontré et brutalement, c'est-à-dire avec du canon à l'appui, prié de mettre en panne afin d'exhiber ses papiers, qui d'ailleurs étaient en règle. Avait-il à cause de cela mis quelque ostentation à arborer son pavillon ? c'était possible. Toujours est-il que n'ayant daigné répondre par aucun signal à un coup à poudre, il manqua d'être transpercé par un boulet qui pointé trop près ricocha par-dessus. Ce premier acte d'hostilité dans la guerre imbécile que nous fîmes alors, chatouilla notre fibre.

Il faut dire que notre commandant n'y allait pas par demi-mesures : car c'était un rude homme avec son visage haut en couleur, ses poils ébouriffés et sa voix tonnante. Il était de ceux qui résistent à tout et montent jusqu'au bout en graine d'épinards.

Et quels solides gaillards que ses matelots, triés sur le volet pour le *Phlégéthon*, armé pour la course et pour les coups de main !

La navigation dans le Skager-Rack et le Cattégat n'offrit rien de particulier, et l'on s'engagea dans le grand Belt, la principale passe des îles Danoises si pittoresquement découpées.

A quelque distance de la terre qui d'une manière générale est basse, les maisons et les arbres paraissaient suspendus dans l'espace.

Plus près, la blancheur des habitations et leur toiture rouge ressortaient vivement sur la verdure des champs et

des futaies. J'y remarquai des toits de chaume semblables
à ceux de nos campagnes.

Dans la baie de Kiel on rejoignit l'escadre qui fut saluée
de quinze coups de canon et on s'en vint mouiller dans le
port même de cette ville, où nous fîmes ainsi qu'au retour
un séjour suffisant pour la parcourir à loisir et y couler de
bonnes heures.

Il y avait un parc magnifique où s'entendait de l'excellente musique ; le soir un orchestre entraînant attirait au
salon Börse, où les femmes brodaient par groupes complètement séparés des hommes qui jouaient aux échecs.

C'était le temps où la Prusse n'avait pas encore détaché
ses grappins.

Les appareillages à la voile, divers mouillages pendant
lesquels on s'exerçait au tir de la carabine et des pièces, occu-
pèrent ensuite quelques journées à l'entrée de la Baltique.

Ces exercices, pleins d'agréments pour moi qui en étais
très ignorant, me remettent en mémoire un matelot Basque,
grêlé, borgne et tellement gauche qu'il n'était employé
qu'aux basses œuvres. Lorsque son tour vint de viser le but
mouillé au large, chacun s'apprêta à rire de quelque maladresse. Impassible il considéra un instant sa carabine, il
épaula, il tira et perça le panneau. Pur hasard, pensa-t-on!
On le fit retirer et, jugeant mieux son arme, il traversa le
noir. Etonnement général et explication ! Cet inscrit
maritime était un contrebandier pyrénéen qui faisait la
bête pour tromper son monde.

Et le cap fut porté sur le golfe de Finlande où le 13 juin
on aborda l'escadre anglaise près du phare de Könskärs,
à cinq milles Ouest d'Helsingfors.

Chemin faisant on avait rasé l'île de Bornholm dont le
gros bourg et la tour fortifiée étaient penchés au flanc d'un
coteau. On avait relevé la pointe Sud d'Oland, la côte Est
de Gottland, vu au loin par tribord la Courlande, longé les
îles russes Œsel et Dago, rencontré des vaisseaux anglais,
suédois et danois.

Et entre temps deux hommes étaient tombés à la mer

où ils disparurent. Un autre était mort et le pavillon avait été mis en berne, tandis qu'il était immergé.

Cette cérémonie à laquelle j'assistai maintes fois, me toucha toujours profondément. Le cadavre était enseveli dans un sac alourdi par du sable. Ce sac était placé sur un plan incliné à l'ouverture d'un sabord dont le canon était dégagé. Des matelots armés le gardaient; tout l'équipage, tête nue, l'entourait et au commandement « Envoyez! » une décharge éclatait et le pauvre mort glissait à la mer qui se refermait sur lui.

Et la route se poursuivait.

Sous le phare de Könskärs (anse de Barro-Sund) étaient mouillés quarante-cinq navires de guerre, flotte imposante à propos de laquelle j'ai retrouvé dans mes tablettes ce vers de l'Iliade que je transcris pour la curiosité du fait : « τῷ δ̓ ἅμα πεντήκοντα μέλαιναι νῆες ἕποντο », (ensemble s'en allaient cinquante vaisseaux noirs).

C'est de là que j'écrivais :

« Calme plat, pas une ride, pas une ondulation. Il est six heures du matin, le temps est magnifique et le soleil qui depuis la deuxième heure après minuit est au-dessus de l'horizon, nous inonde déjà de ses rayons de feu. Littéralement il n'y a pas de nuit et c'est pourquoi les matelots qui pour la première fois parcourent ces parages, prétendent qu'il n'y a pas moyen de dormir. »

Et j'ajoutais :

« Si je m'inquiète de l'énorme distance qui nous sépare, si je m'inquiète toujours du lendemain, vive l'espérance qui, toute trompeuse qu'elle puisse être, a dit La Rochefoucauld, sert au moins à nous mener à notre fin par un chemin agréable ! »

Et en effet l'étrangeté de notre existence me distrayait au-delà de toute expression.

Dans nos deux assez longs séjours à ce mouillage j'allais souvent à terre sur une des petites îles qu'enserrent les capricieux méandres d'une mer tranquille. C'était la solitude complète, il n'y avait même pas un oiseau et les insectes ailés ne nous importunaient pas. Quelques cahutes brûlées, des débris de filets, des rondelles de sapin et des rouleaux d'écorce de bouleau faisant office de liège et des sentes à peine indiquées, telles étaient les seules traces humaines sur ces rochers presque stériles.

Sur le plus proéminent s'élevait le phare au pied duquel subsistaient quelques masures en bois. Du haut de sa tour la vue embrassait l'éparpillement des ilots couverts de sapins et de bruyères ou tout dénudés par la neige des hivers et les embruns des tempêtes. Elle s'étendait au Sud jusqu'à la teinte grisâtre du rivage opposé.

Dans l'un d'eux était un lac d'eau claire où la flotte se ravitaillait et dont la rive moussue était douce à fouler.

Et l'on avait grand plaisir à louvoyer en canot sur ces eaux limpides et calmes et à s'y plonger aux heures favorables.

Dans l'intervalle des séjours une partie de la flotte alliée se dirigea sur Cronstadt. Le *Phlégéthon* qui allait toujours de l'avant, fut naturellement de la fête.

Le temps continuait à être ravissant, la mer était huileuse et l'on avait l'air de se promener en laissant à tribord et à babord des iles plates ou escarpées. On s'arrêta à celle de Seskär, puis on repartit et on marcha très lentement dans la crainte des écueils dont les balises avaient été enlevées. Bientôt l'escadre fit halte pour ne pas s'enlizer et le *Phlégéthon* seul avança avec une corvette anglaise de même gabarit, l'*Amphion*.

Ces deux vapeurs stoppèrent, l'ancre au bossoir, tous les feux allumés, à la limite de la portée du canon ennemi (27 juin).

Dans ces temps reculés un boulet, je le répète, portait bien à quatre cents mètres, à toute volée à six cents. Nous étions donc à même de nous dévisager, Russes et Alliés et en effet on entendait, par le vent propice, tous les commandements sur leurs vaisseaux embossés dans les passes et à l'œil nu on les voyait hisser et abaisser le pavillon en même temps que nous, au coup de canon du matin et du soir. L'artillerie allait et venait sur la plage.

Cette avant-garde dura jusqu'au 1er juillet avec un intermède qui consista à aller chercher les amiraux et autres gros bonnets pour les faire évoluer autour de la pointe ouest de Cronstadt.

Je constatai alors que Cronstadt était une langue de terre entourée d'eaux très basses avec une ville à briques rouges et à dômes dorés, avec de puissants forts pour défendre ses approches, et dans la perspective de droite et de gauche des rivages verdoyants, dont le méridional se distinguait par le château de Péterhof, résidence d'été de la Cour.

Nicolas Ier, Alexandre III ! quel inquiétant passé, quel sublime avenir !

Après quoi la flotte revint à Seskär, d'où elle ne partit que le 5 pour retourner à Barro-Sund, où elle mouilla le 6.

Là le contre-amiral s'échoua sur une roche sous-marine, heureusement plane et inclinée ; et le *Phlégéthon* l'aida à dérâper en se collant à son flanc et se déchargeant de toute son artillerie. Notre commandant était superbe, activant le travail du geste et de la voix, dans un vocabulaire spécial et approprié au cas.

C'est là aussi que fut calmée mon impatience de recevoir des nouvelles de France par deux lettres, l'une de Paris et l'autre de Saint-Sylvain (Corrèze) où mon Oncle, parrain et bienfaiteur, était desservant. Dieu soit béni ! m'écriai-je, mon bonheur passe mon espérance. Ma joie est à son comble ; tous mes chers souvenirs sur ces arides bords, quelle ivresse !

# VII

## ILES D'ALAND : BOMARSUND.

E 18 juillet, les deux escadres mirent à la voile, s'arrêtèrent un moment à cause de la brume et mouillèrent le 22 à Rödbay ou Ledsund dans une large baie de l'archipel d'Aland. Bientôt le *Phlégéthon* ne fit qu'aller et venir entre cette baie et celle de Lumpar où étaient situés les ouvrages de Bomarsund, y amenant et en ramenant des vaisseaux à la remorque.

Pendant de fréquents arrêts, je recueillis sur les sites et l'habitant des impressions dont j'abrège la transcription.

Côte sablonneuse, terre plate et très boisée en conifères et boulcaux principalement, arbres qui ne redoutent pas les longs et durs hivers. Rivages découpés en tous sens dans lesquels la mer, plus capricieuse et plus belle encore qu'à Barro-Sund, s'insinue par des bras étroits qui simulent des rivières, et en mille points offre aux marins des abris sûrs contre les vents et les lourdes lames.

Passes juste suffisantes pour les vaisseaux : c'est un chenal, un goulet, une autre baie et ainsi de suite une succession de ces diverses configurations qui donnent à cette contrée un aspect tout à fait original.

Les maisons n'ont presque toutes qu'un rez-de-chaussée. Elles sont construites en gros sapins équarris et horizontalement disposés les uns sur les autres. Des poutres plus légères constituent la charpente de la toiture qui est en tuiles de bois.

Ce qui frappe dans l'intérieur, c'est l'âtre en forme de

forge, et ce sont les couchettes superposées, singulière coutume qui économise l'espace et sans doute la chaleur. Ne faut-il pas compter surtout avec le froid dans ce pays, où la neige s'amasse si épaisse que les cabanes sont signalées par de hauts troncs plantés devant la porte ?

Les habitants ont l'air affable. Ils sont grands, blonds, avec des yeux bleus. Ils ont des pâturages, des troupeaux.

Ils ont du lait et du beurre excellents, des œufs frais, du fromage médiocre. Leur pain est détestable : il consiste en minces et rondes galettes de seigle peu bluté, aussi noires que les tourtes limousines. Ils en suspendent des provisions aux solives du plafond enfumé, ainsi que du poisson desséché.

C'est dans des plats et assiettes de bois, avec des cuillers en bois, du reste artistement confectionnés, qu'ils prennent leurs repas. Ces objets étaient rangés après le mur et je priai de m'en laisser décrocher et emporter contre de la menue monnaie. Et en dehors de la poterie grossière c'est un véritable luxe qu'une faïence, un verre, une fourchette en fer.

Je suppose qu'à présent la facilité des communications qui a dû certainement s'étendre jusque-là, a profondément et avantageusement modifié cette manière d'être.

Naturellement ils ont la hache, la faucille, le dard et autres instruments aratoires et ils s'en servent comme partout.

Il y a de grandes granges pour le bétail et les récoltes, de l'herbe en abondance, des moulins à vent, des canots pour la pêche, etc.

Ces braves gens qui ne paraissaient pas très fiers d'être des sujets russes, s'étaient enfuis ou cachés à notre approche, laissant à la maison leurs femmes, elles-mêmes peu rassurées. Ce fut l'affaire des premiers jours et bientôt ils nous aidèrent en nous livrant à bon compte beaucoup de vivres frais (un mouton se payait cinq francs et le reste à l'avenant) et en nous servant dans notre entreprise contre Bomarsund, entreprise qui n'eut évidemment pour but que de flatter la vanité publique en donnant une occupation guerrière à la flotte et prouvant qu'on n'était pas allé pour rien avec des forces écrasantes dans ces lointains parages.

Car, je vous le demande, à quoi rimait-elle, cette entreprise ? Et, Cronstadt et Sweaborg étant inattaquables et la flotte ennemie immobilisée à l'entrée de ces ports, que servait-il de détruire des murailles perdues dans le fin fond des îles d'Aland où, à grands frais, nous transportâmes des troupes qui, par un malheur imprévu, furent décimées par le choléra ?

Quoi qu'il en soit, le 8 août dès l'aube, le *Phlégéthon* et l'*Amphion* que nous avons déjà vue à Cronstadt, s'embossèrent en face d'une batterie russe qui gênait le débarquement. En moins d'une heure, la tâche fut accomplie et, comme si le sort voulait nous sourire ou nous railler, l'ennemi ne riposta guère et déserta la place. Il n'y eut pas une égratignure à panser, pas une goutte de sang à étancher.

De semblables luttes coûtent peu d'émotions et, n'était le premier coup de feu qui me fit tressaillir par cette crainte instinctive du danger que cache d'abord un calme apparent, que l'on brave ensuite par enthousiasme plutôt que par sang-froid, je n'en ai gardé qu'un souvenir, celui d'une curiosité satisfaite, peut-être même d'une agréable déception.

Et, tandis que les matelots allaient enclouer les canons, les chasseurs s'avançaient au pas de charge et bloquaient le fort et les tours.

Le fort se développait sur une longueur de deux étages à trente-six embrasures chacun, sans compter la batterie-barbette qui lançait des bombes. Trois tours, également armées, étaient situées sur les éminences adjacentes.

Pendant la journée les troupes finirent de débarquer et le soir, par-dessus les épaisses futaies, s'élevait la fumée des bivouacs qui s'étaient établis sans nulle résistance.

En attendant qu'une batterie de siège fût dressée avec des pièces marines, je visitai deux fois le camp où c'était plaisir de voir s'agiter nos soldats au milieu des tentes et des abris en branchages.

Puis les canons minèrent la Tour Occidentale qui fut prise d'assaut dans la nuit du 14 et sauta le lendemain par l'explosion de ses poudres, en même temps que l'escadre bombardait le grand fort.

Les boulets ennemis venaient, en sifflant et soulevant des gerbes d'écume, tomber au-devant de nous. Un seul nous atteignit dans le beaupré du vaisseau *le Trident* où il s'incrusta. Les nôtres, au contraire, entaillaient les embrasures et, disait l'amiral monté à bord, ce n'est pas un combat, c'est un exercice à la cible.

Le feu des navires cessa avec la nuit. De temps en temps il y eut encore à terre un échange de boulets et de bombes.

D'autre part, les Anglais avaient sapé et pris d'assaut la Tour du Nord.

Le 16, à la première heure, les artilleurs de terre reprirent leur feu ; des marins débarqués attaquèrent la Tour de l'Est et les vapeurs rechargeaient leurs canons, lorsque le pavillon blanc flotta au-dessus du fort. Les Russes se rendaient, la lutte était finie.

Ils défilèrent honorablement le soir pour être embarqués sur divers vaisseaux et, me mettant par la pensée à leur place, je m'apitoyai sur leur sort.

Le lendemain, je fus voir les décombres. Quel désordre ! là où la veille tout était réglé par une discipline de fer, c'était la ruine complétée par l'incendie des dépendances. J'en rapportai une clochette argentine à inscription russe, un casque à double tête d'aigle d'un 10ᵉ régiment, un fusil à pierre et, en fils de menuisier, un bouvet à rainures et languettes.

Cet exploit terminé, le *Phlégéthon* embarqua l'amiral et les généraux et fila sur Revel, port de l'Esthonie situé au fond d'une large baie sur un tertre qui domine la mer et les terres d'alentour. On y distinguait des murs protecteurs, trois flèches monumentales et de nombreux canons en plusieurs batteries.

Cette démonstration, comme les suivantes, fut toute platonique et, outre qu'elles nous procuraient de délicieuses excursions, je suppose qu'on ne se montrait que pour obliger la Russie à se garder sur ces bords et par conséquent à y retenir des forces en cas de débarquement.

Ensuite on retraversa le golfe de Finlande et on se présenta devant Sweaborg, port militaire défendu par des forts et une escadre ancrée dans le goulet. On apercevait parfaitement sa cathédrale de style oriental et aussi celle d'Helsingfors, port de commerce situé tout contre, laquelle paraissait plus belle avec sa tour à base hexagonale et ses élégantes tourelles.

Le 27, à neuf heures du matin, nous chauffâmes à toute vapeur pour Hango. A notre approche les Russes se firent sauter et s'incendièrent.

Et nous retournions immédiatement à Rödbay en longeant la côte sur laquelle sautaient encore des forts et brûlaient des casernes.

Ce spectacle dont les Russes furent, étaient et continueraient sans doute à être amateurs, était à la fois sinistre et beau. La dernière scène eut lieu par un brillant coucher de soleil à la pointe d'Abo.

Et le *Phlégéthon* avait rempli sa mission.

On mouilla un jour à Rödbay où l'on reçut la visite de l'amiral anglais et l'on repartit pour Bomarsund, où l'on assista aux explosions finales des tours et du grand fort. J'étais monté sur les haubans pour admirer cette dernière qui, pour être plus expressive, éclata solennellement le soir dans la nuit.

C'était le bouquet !

# VIII

## LA TEMPÈTE

E 19 septembre, après maints remorquages entre Bomarsund et Ledsund, le *Phlégéthon* revint en rade de Revel, où je descendis dans l'île Nargo.

Cette île triangulaire et plate, dont on faisait le tour en moins de deux heures, était toute verte de sapins, genévriers et prairies. Des maisons éparses, ressemblant à celles des îles d'Aland, y constituaient un village où nous achetâmes des légumes, cette friandise du marin. Dans l'une d'elles, ô surprise ! était accrochée en pleine lumière l'image de Rigolette, cette mignonne tète de jeune fille qu'un de nos meilleurs romanciers a croquée sur le vif et qui là, tout à coup, nous parlait de la France avec son frais sourire et sa simple volière.

Et dans le cimetière, les tombes anglaises ne manquaient pas.

La flotte alliée devait avoir dans cette rade sa principale escale. Le fait est qu'elle était là à notre arrivée et maintenant, nous, les bons enfants, nous y étions aussi pour leur donner la remorque, à nos amis les Anglais. John Büll qu'enfume l'orgueil de sa marine, avait besoin de la nôtre et pour être forte, elle était forte, la plaisanterie.

Enfin, le temps était ravissant, nous coulions des jours tranquilles et heureux, et nous ne nous doutions pas que nous étions à la veille de courir un risque épouvantable.

Rien ne pressant, on pouvait donc attendre et laisser se combler la dépression barométrique qui évidemment devait commencer à se faire sentir.

Mais pourquoi faut-il que l'homme tente sa destinée ? On n'attendit pas, et le 27 on leva l'ancre dans l'espoir probable de gagner Kiel avant la tourmente.

A peine avait-on pris le large, le *Phlégéthon* remorquant le trois-ponts anglais le *Neptune,* que le vent fraîchissait, que la mer se soulevait et que nous perdions complètement le sentiment de la verticale.

Les remorques étaient larguées, reprises dans de trompeuses et relatives accalmies, et définitivement relarguées.

Et la brise soufflait à décorner les bœufs, suivant l'énergique expression des marins. Et cela dura jusqu'à la fameuse journée du 4 octobre, pendant laquelle l'ouragan battit son plein.

Nous voguions alors par longitude Est 14° 52', latitude Nord 55° 53', au beau milieu de la Baltique, entre la Suède et la Prusse.

Aux heures douloureuses des manifestations brutales de la nature l'être est plus ou moins subjugué par l'affreuse réalité. Mais, s'il a du ressort, il ne s'occupe plus de savoir quelle est sa place en ce monde et il résiste, toujours puissant, sans se rendre, comme tout l'équipage en fournit la preuve éclatante.

Pour moi, étranger à ces luttes, après avoir été jusqu'à la limite extrême de l'inquiétude, j'étais tombé dans l'indifférence et je me laissais violemment emporter où finissent toutes les angoisses. J'étais même, en me cramponnant, monté sur le pont où l'on m'avait attaché sur le gaillard d'arrière, et, dieux infernaux ! j'y restai une grande partie de la journée dans la muette contemplation de la terrifiante merveille. Car le rêve le plus enfiévré n'atteindra jamais ce degré de terrible.

On était à la cape et, par la dérision la plus amère, le soleil brillait. Les matelots que des nœuds coulants retenaient aux cordages, veillaient à ce que toutes les amarres tinssent bon. Vous représentez-vous un obusier de 80 dérâpant tout à coup ? Je frémis encore à cette pensée.

La mâture craquait sous les quelques bouts de toile qui maintenaient la cape. Et quand par hasard une embardée se produisait, la vague écumante déferlait sur l'avant où elle passait comme une trombe.

Et, alternativement, avec des frissonnements dans ses membrures, le navire tanguant et roulant, s'élevait sur la lame sous le ciel rayonnant ou plongeait dans un abîme où il semblait qu'il allait s'engloutir.

A la chute du jour, l'eau qui envahissait la cale par de fatales brisures y atteignait sept pieds, et par le fait de ballottements insensés, commençait à se projeter dans le foyer des chaudières. On était aux pompes.

Rester debout au vent, toute la nuit, avec des voies d'eau qui ne pouvaient que grandir, cela devenait d'une gravité menaçante ; il fallait conjurer le danger.

Le commandant tint conseil avec son état-major, le pilote et les vieux matelots et il fut décidé qu'on allait fuir devant le temps et, le pilote qui connaissait sa mer refusant de se réfugier à Dantzig, que le compas serait mis au Nord-Est.

Pour fuir devant le temps quand on est à la cape (elle était à l'Ouest) il faut virer lof pour lof, c'est-à-dire vent arrière, et c'est une manœuvre à laquelle on ne se résout qu'à la dernière extrémité. Aussi je vous prie de croire qu'on y applique toute sa science.

Vous voyez ça d'ici : tourner d'un demi-cercle et prêter le flanc à la lame en un moment qui, si rapide qu'il soit, est suffisamment long pour que l'on capote, c'est tout simplement effrayant.

Comme au combat, plus qu'au combat, tout le monde était à son poste et dans le mugissement du vent et les craquements du navire un silence de mort oppressait les poitrines.

« Attention ! Babord la barre !... »

Et timonniers, gabiers et mécaniciens obéissant avec ensemble, le *Phlégéthon* évolua.

Et le diable se mit de la partie, et nous filâmes comme le

cavalier de la ballade emporté dans une course échevelée au sein de l'ouragan.

Consultez la carte un instant. Le lendemain au jour, nous étions par le travers de Gotland où nous avaient poussés les éléments déchaînés.

Ah ! quelles douces sensations furent jamais plus capables de remuer jusqu'au fond des entrailles ! et quelle folle joie quand sur le midi nous mouillâmes paisiblement dans le détroit qui sépare Gotland de la petite ile Faro, où s'abritaient également trois vaisseaux de guerre anglais, un brick de guerre suédois et plusieurs bateaux commerçants.

Nous étions sauvés !

Et le repos que nous avions bien gagné fut délicieux.

A quelque chose malheur est bon, écrivais-je peu après. Je suis descendu deux fois à terre, et j'ai parcouru la côte du détroit sur la grande île. J'ai visité l'important village de Bunge aux maisons en pierre. Son église est grossièrement construite ; une belle route, des boutiques bien garnies, le commerce actuel de la rade dénotent un pays et des gens civilisés. J'y ai donné une consultation.

## IX

### LE RETOUR

LE 8 octobre, le *Phlégéthon* reprenait la route de Kiel avec une aile de moins à son hélice, aile cassée par la tempête. La mer était belle, le temps magnifique et frais.

Le 9 à 10 heures du matin il passait entre Bornholm et les trois petites îles de Christian, dont deux sont couvertes d'habitations, reliées par une jetée en bois et protégées par une haute citadelle.

Et le 10 à 2 heures, après un mouillage nocturne à l'île Rugen, il s'amarrait dans le port de Kiel où l'enlèvement d'une deuxième aile de l'hélice, nécessaire à son équilibration, nous procura la satisfaction de dix agréables journées d'automne, dont deux à Hambourg avec un des aspirants.

Nous nous étions logés à l'Hôtel de Russie (Streit's Hôtel) à la vaste et haute salle à manger. C'était sur une place avec jardin ; on y était très bien.

Et nous employâmes notre temps à parcourir la localité dans tous les sens.

Hambourg, ville libre de la hanse teutonique, avait alors deux cent mille âmes et elle était remarquable par ses belles rues, par ses canaux sur lesquels de grands établissements chargeaient et déchargeaient à pic les marchandises et qui, selon les descriptions, lui donnaient sous ce rapport quelque ressemblance avec Venise, par une immense bourse où se négociaient bruyamment des affaires avec tout l'univers, par un large fleuve peuplé de navires, par des parcs, des promenades et deux lacs aux rives charmantes. Les édifices religieux dont nous visitâmes le principal, paraissaient ne pas y tenir une place importante.

Dans un café-restaurant, nous prîmes un déjeuner à la façon des indigènes qui, sur un comptoir agrémenté d'une jolie personne, choisissaient des victuailles, charcuterie ou pâtisserie, et s'asseyaient, s'ils ne mangeaient debout, à une table où l'on servait la bière. Nous bûmes même du porter que je trouvai très fort.

Une légère indisposition de mon ami maladif m'obligea à entrer dans une pharmacie (apotheker) où, grâce aux inscriptions latines, je fis composer la drogue nécessaire.

Nous fûmes rencontrés par un vieux de la vieille que les hasards des guerres impériales y avaient échoué, et qui était tout réjoui de causer avec nous en nous promenant. Il ne se fit pas prier pour nous raconter ses anciennes vaillances.

Sur notre passage, un gamin siffla la *Marseillaise*. Vis-à-vis de Français ce salut populairement musical en valait certes un autre et vis-à-vis de nous il s'adressait fort bien. Quoi d'étonnant d'ailleurs sur ce sol de franche indépendance, où la blonde Germanie n'avait encore ni casque, ni cuirasse !

J'accompagnai jusqu'à l'Elbe mon ami qui rentrait en France, et au retour je passai deux heures à Altona, ville danoise qui n'était séparée de Hambourg que par un mur et semblait en être un gros faubourg. Il n'y avait là de curieux qu'une gare monumentale et, comme dans les quartiers excentriques de Hambourg, les maisons à pignons très-aigus.

La veille, dans le train, nous avions mérité une leçon de courtoisie en plaisantant, téméraire jeunesse ! aux dépens de gens d'âge respectable et de ronde panse qui nous comprenaient et nous en avertirent gentiment.

Et ces réminiscences du passé mettraient des ombres sur le front, s'il n'était préférable de sourire en les reproduisant et en ajoutant que ce pays m'a laissé l'impression de n'être

pas celui du bon vin, de la bonne chère et des gais propos.
Rien n'est plus vrai, n'est-ce pas ? Et voilà sans nul doute
une des grosses raisons de sa tendance séculaire à pencher
vers l'Occident.

La navigation se signala ensuite, de même qu'à l'arrivée,
par un mouillage à Nyborg et un autre en plein Cattégat.
Le 22, le *Phlégéthon* doublait la pointe de Jutland et le soir,
par une étrange fatalité, perdait une troisième branche de
son hélice, et ce fut le cas de dire qu'il ne battit plus que
d'une aile, marchant péniblement avec la dernière et, autant
que possible, avec les voiles.

Pour ce motif il mit le cap sur Newcastle, afin de s'y
réfugier au besoin et surtout de se parer des vents d'Ouest
en longeant les côtes d'Angleterre.

Dans cette circonstance on me donna un joli pinson
recueilli sur le pont. Comment était-il venu s'y abattre ?
*Che lo sa ?* Je ne sais pas non plus ce qu'il en advint et je
lègue une caresse à sa mémoire.

Les derniers incidents du retour furent une nuit à l'ancre
près du feu de Galoper et quelques heures à Deal pour dépo-
ser le pilote qu'on y avait pris six mois auparavant : ce
brave et vieux pilote qui était sérieux comme un âne qu'on
étrille, muet comme une carpe en dehors de ses fonctions
qu'il remplissait généralement par signes et avec qui, malgré mes premiers prix d'anglais au collège, je ne parvenais
pas à m'entendre, les termes marins et la prononciation y
mettant un invincible obstacle.

Et après la traversée un peu tourmentée de la Manche, le
28 octobre à 5 heures du soir, le *Phlégéthon* s'ancrait en
rade de Cherbourg où la réparation des avaries et l'essai
de nouvelles hélices nous retinrent deux mois.

Dès l'abord un bouleversement moral m'y atteignit en
plein cœur. Au nombre des lettres en retard que m'y livra
le vaguemestre, deux m'apprenaient la mort de mon jeune
frère !

Mon pauvre Joanni, mort depuis deux mois dans sa dix-
septième année !

Lui, si bien doué en tout et pour tout !

Lui, le brillant élève de rhétorique au lycée Charlemagne !

Lui, à qui des leçons spéciales étaient gratuitement données pour l'honneur du lycée !

Lui, qui était inscrit pour le concours général et s'en inquiétait dans son délire !

Terrassé et tué par la fièvre typhoïde, cette exécrable maladie qui tue tant de jeunes plantes dans leur épanouissement !

Pour le dire à ceux qui me connaissent, j'envoyai aux miens mon tribut de consolations et j'écrivis à mon frère Louis qui l'avait entouré de soins :

« Plus que jamais marche droit, ne recule jamais devant le devoir, et si tu te sens quelque défaillance, songe à nos misères, à nos parents, à notre Oncle. Va, nous tâcherons de faire à deux ce que nous aurions fait à trois. Tu iras au cimetière pour moi et tu y porteras mes pleurs ! »

Bien des années ont passé sur ce malheur ; depuis bien longtemps l'assoupissement s'est fait. Eh bien ! sur ma foi, je souffre toujours à remuer cette amère tristesse.

# X

## FRAGMENTS DE LETTRES

ET puisque nous sommes au repos, j'abandonne un moment le *Phlégéthon* à son sort, et, ne pouvant prendre de permission pour Paris, je garde la plume pour causer de loin avec la famille.

Mon Dieu! que les voyages coûtaient cher alors et que Paris était loin! les trois quarts de la route en voiture à place entière, l'autre quart en chemin de fer à demi-place. Et Saint-Sylvain donc, cette bourgade perdue dans un trou de la Corrèze, la voie ferrée ne dépassant pas Châteauroux.

Et le temps qu'on y employait! Il faut avoir vécu de ce régime pour y croire!

La mort toute récente de mon frère, ma propre situation qui n'était pas sans inspirer des soucis, expliqueront les principaux fragments de ces lettres répondant à des préoccupations naturelles.

On rêvait noir à la maison.

Cherbourg, Novembre 1854.

### *A ma Mère.*

« ... Pourquoi ces inquiétudes sur mon compte? Pourquoi ces alarmes continuelles, tandis que je me porte à merveille, que je suis tranquille et m'estime très heureux? Pourquoi ces soucis incessants sur des besoins que tu me supposes? Crois-tu que je ne me mette pas le plus possible à l'abri du mauvais temps?

« Calme-toi, je ne mène pas un train de prince, tant s'en faut ; mais il ne me manque rien et je coule tout doucement ma petite vie sans nulle gêne, sans nul embarras.

« Et pour Dieu ! il serait fort plaisant que je ne pusse me suffire... »

« ... Je ne suis pas amateur de nouvelles figures et tu trouveras l'explication de cette disposition d'esprit autant et plus dans ma position que dans mon caractère. Cette dernière raison de mon amour pour la solitude doit être en effet bien secondaire et j'en ai de plus solides.

« Les connaissances imposent des obligations que je ne pourrais pas toujours remplir sans gêne ou sans arrière pensée, et il n'est rien qui détruise le plaisir ou le mêle d'amertume autant que l'idée qu'on a de le prendre à contre-temps.

« Je suis très content de vivre ainsi et ne m'en plains nullement. Crois-tu que je le serais davantage en pensant à d'autres qu'à vous ? Laissez-moi continuer ; il ne m'en coûte rien... »

« ... A propos des démarches que tu voudrais tenter, ta bonne volonté te garantirait-elle la réussite, et verrait-on tes craintes du même œil que tu les envisages ? Et puis, pauvre mère, nos misères importent-elles beaucoup à autrui, et ceux qui gouvernent n'ont-ils pas d'autres tracas que de s'occuper d'êtres isolés, ne composant qu'un bien faible maillon de la chaîne humaine ? Trop de hardiesse l'affaiblirait peut-être encore.

« Agir par soi-même dans les circonstances où nous nous trouvons et où le pays se trouve, serait donc téméraire et nous risquerions beaucoup de ne pas être entendus.

« Des réponses évasives, des brusqueries, des refus n'effraieraient sans doute pas ton cœur de mère, mais il en souffrirait avec indignation et tes vains efforts ne serviraient qu'à troubler ta conscience, bien que tu n'eusses qu'à te reprocher tes louables intentions...»

### A mes Parents.

« ... Je songe beaucoup depuis quelque temps à la chirurgie militaire et je bâtis là-dessus des projets dont je ferai part à mon Oncle. Attendons que Louis ait tiré au sort et que les mois nécessaires à la prise totale de mes inscriptions soient écoulés...

Quel pronostic ! A la fin de 1861 j'embrassai en effet la

carrière militaire où je présumais que, malgré ses vicissi-
tudes et quoique tardivement, mes études me serviraient
mieux qu'à la campagne : ce que l'avenir a largement
démontré.

« Je vous envoie un fusil à pierre, un sabre-baïonnette, un
casque, une clochette, un outil de menuiserie, un pantalon
bleu, un gilet, deux couverts en composition qui me revien-
nent de la gamelle du poste après un partage par suite du
départ des volontaires, etc.

« Tout ce qui sent le Russe a été pris dans le fort de Bomarsund le lendemain de sa reddition (17 août)...

« On vient de me payer et, après calcul, j'ai conclu que je
pouvais sans nul embarras vous adresser une poignée de gros
sous (cent francs). Vous êtes libres de les employer comme vous
l'entendrez et je ne vous en demande aucun compte, certain
que vous retirerez le meilleur parti de mes économies que je
regrette n'être pas plus grandes.

« Il est à présumer que les réparations terminées, le *Phlégéthon* ira dans la mer Noire... »

### *A mes Parents.*

**Décembre.**

«... Enfin nous revoilà en rade pour tout de bon.

« A l'excellent gîte à terre a succédé de nouveau l'existence
en commun du poste. La chambre de la rue de la Paix s'est
considérablement rétrécie et les armoires sont redevenues
microscopiques. Les esprits de l'âtre ont fui avec leur douce
influence sur le bien-être physique des veillées. Le grand bois
de lit au vaste matelas est remplacé par l'étroite, mince et
aérienne couchette du bord. Le froid sera plus vif et il faudra
se blottir contre l'âpreté de la bise...

« ...O mon vieux paletot gris ! impérissable habit ! tu me
suivras encore dans mes pérégrinations, tu lutteras encore avec
moi contre les rigueurs des frimas. Puisses-tu sans péril finir
une vie si longue et si pénible ! Puisses-tu doucement disparaître au retour d'heureuses et brillantes journées ! Alors, l'œil
humide, je te dirai un dernier adieu, ô mon vieil habit, tissu de
souvenirs !

« Nous allons bientôt parcourir l'Océan, franchir les colonnes d'Hercule, voir Malte, la Grèce, Byzance. Quelle belle perspective ! Oh ! ne riez pas, j'ai encore le paletot gris !...

« ... Les dépenses nécessitées par mon séjour à terre ont retardé ma complète liquidation. Divers achats, quelques rhabillages ont contribué à maigrir ma bourse. Je dois encore quarante francs...»

### A mon Oncle.

«... Demain, si la brise est faible, il est probable qu'une nouvelle hélice (c'était la 2e) sera essayée et si l'expérience est décisive, il paraît certain que notre départ pour la Méditerranée ne se fera pas attendre.

« Quelle existence j'aurai menée cette année et comme elle durera dans ma mémoire ! La nouvelle va la continuer d'autant plus agréable que je vais traverser la plus belle mer d'Europe et la plus riche en souvenirs. Quels attrayants rivages et combien la pensée les embellit de toutes les scènes des mondes passés !

« J'espère bientôt pouvoir juger moi-même des impressions d'autrui et vous raconter les miennes. En tout cas je serai très content d'acquérir ces nouvelles connaissances et elles me seront précieuses, surtout s'il m'est donné de les varier le plus possible.

« Ce sera une heureuse diversion aux pénibles souvenirs !...»

### A mes Parents.

Décembre.

« ... Oh ! comme la mer était agitée, même dans la rade qui était consignée. Les vergues étaient amenées sur les bastingages pour laisser moins de prise au vent. Et vous n'imaginez pas avec quelle fureur les torrents d'écume s'élançaient par-dessus la digue.

« J'ai admiré avec surprise ce phénomène de l'Océan se brisant impétueux contre un obstacle immense.

« C'était bien pis dans la Baltique, mais là c'était seulement la vague énorme et furibonde qui se soulève et s'abaisse en roulant sur elle-même... »

(Tempête, 18-20 décembre, qui occasionna un échouage et un naufrage.)

### *A ma Mère.*

« ...Tu voudrais me savoir exempt de tout péril et tu redoutes tous ceux que je puis encourir ou endurer.

« Arriverais-tu sans intermédiaires que nous n'avons pas ? Et réussirais-tu seule dans une entreprise dont tes yeux voilés par tes préoccupations maternelles ne voient pas toute la difficulté ?

« Je ne veux pas que tu t'exposes à subir des humiliations qui blessent toujours le cœur le mieux cuirassé. J'en serais très vivement affecté.

« Encore un coup ne t'inquiète pas, chasse tes appréhensions sur les dangers de la navigation et de la guerre. J'en sortirai sain et sauf et, avec du travail, une ferme volonté et de la patience, nous arriverons à un bon résultat, n'importe quel élément nous y conduise !... »

« ... Réservons .pour une meilleure occasion les secours qui peuvent nous être utiles et, autant que possible, sachons-nous-en passer. Il est si bon de garder la tête haute. C'est toujours ma dernière réflexion après toutes celles qui encombrent mon cerveau et je crois qu'elle est la meilleure.

« Ne crains donc rien, je vais encore naviguer un temps indéterminé pendant lequel j'aiderai mon père à s'essuyer le front. Ensuite si la guerre est apaisée et si le pays n'a pas besoin de moi, j'obtiendrai d'aller subir mes examens de Doctorat, je resterai quelques mois auprès de vous pour vous dédommager de ma longue absence, et puis l'on avisera... »

### *A mon Frère.*

«... Je t'envoie le certificat demandé (certificat constatant que je compte à la Division de Cherbourg comme apprenti-marin). Hâte-toi de t'inscrire au rôle des conscrits et bien que tu sois muni d'une exemption en bonnes formes, n'oublie pas au tirage d'être le plus heureux possible...

J'avais porté 39, il porta 37.

« Et je t'embrasse tout trempé, tout crotté. Car dans cette diabolique ville de Cherbourg il pleut des hallebardes *noctuque diuque*. Toutes les cataractes du ciel s'y déchaînent par torrents, sans cesse et toujours. On y vit à l'état de triton... et c'est bien assez de maugréer sans discourir davantage... »

### A mes Parents.

Rade de Brest, janvier.

« ... A peine ai-je eu le temps de régler mes affaires, de payer jusqu'au dernier sou de mes dettes qu'il a fallu plier bagages et voguer vers de nouvelles terres.

« Aussi bien j'en avais assez de Cherbourg et c'est avec un vrai contentement qu'hier j'ai vu sa belle digue disparaître derrière nous. Nous avons lorgné Aurigny avant la nuit.

« Aujourd'hui après avoir côtoyé toute la côte Nord de la Bretagne et traversé les roches qui hérissent la mer entre Ouessant et le Finistère, nous avons pénétré dans l'immense rade de Brest par l'étroit goulet qui la fait communiquer avec l'Océan...

« ... Ci-joint cent francs que je vous envoie sur mon mois de janvier payé d'avance... »

Ma solde était de 120 fr. sans compter les vivres.

### A mon Oncle.

6 janvier.

« ... Nous allons partir pour la Crimée avec quatre cents fantassins de marine...

« Le peu de temps passé à Brest m'a suffi pour faire connaissance avec la ville et le port...

« ... Aspect fangeux, cachet de vétusté, des cinquièmes à la fois greniers et rez-de-chaussée, des rues accidentées, des esca- liers interminables, sur le flanc de deux collines escarpées entre lesquelles une rivière dont le lit est assez large et profond pour admettre les plus gros vaisseaux et constitue dans une grande étendue le port même, sur ses bords d'immenses maga- sins, de grandes mécaniques, des navires en chantier ou en armement, et puis le bagne avec ses habitués en pantalons jaunes et blouse rouge... et l'hôpital, et des remparts, voilà Brest.

« Ce n'est pas gai, il n'y a rien de beau, mais c'est grandiose...

« La rade est dominée du côté de la ville par un château moyen-âge à ponts-levis, à tours crénelées dont chaque pierre cache une légende. A l'Ouest elle se joint à l'Océan par un goulet si étroit qu'elle ressemble plutôt à un lac qu'à une dépendance de la mer. De nombreuses batteries en défendent l'entrée, etc... Et puis la mer, la vaste mer que nous allons traverser.

« ... Je ne dois pas un rouge liard... »

Et voici quelques autres lignes que j'écrivais vingt ans après, lorsque j'y étais comme médecin major de 1re classe au 19me de ligne. Il y avait en plus le merveilleux pont tournant qui joint Brest à Recouvrance et en moins les forçats :

« Placée presque à l'extrémité du Finistère, qui plonge par trois côtés dans l'Océan, inclinée en outre sur une vaste rade qui par le port très encaissé s'insinue jusqu'au delà de ses murs, la ville de Brest est littéralement imprégnée d'humidité. Si le courant du Golfe y maintient une température relativement douce, les vents d'Ouest variant entre Sud et Nord y déterminent par leur fréquence et très souvent par leur violence des écarts thermométriques qui font passer à toute heure et sans transition du chaud au froid et réciproquement. Au moindre calme, c'est le brouillard, même l'été ; la pluie tombe deux jours sur trois. C'est le domaine de la moisissure. »

Et je finis par cette constatation, à savoir que les gens qui ont toujours à la main une canne ou un bâton, ne sortent là-bas qu'avec un parapluie.

# XI

## LES ASPIRANTS

Au cours de ce récit, j'ai fait allusion aux Aspirants. Ceux que je connus intimement constituèrent deux groupes très distincts.

Le premier qui étrenna avec moi l'existence du poste, se composait de volontaires ou pilotins du commerce qui, se destinant au métier de long-courriers, étaient admis à remplir leurs obligations militaires dans les fonctions d'aspirant dont ils portaient la tenue sans le galon aux manches.

C'étaient d'excellents garçons par qui je devins très fort sur les questions d'arrimage et de conduite d'un navire, comme plus tard dans le Train des Equipages, si j'en avais eu le goût, je me serais ferré sur la technique des voitures et sur l'hippologie.

Evidemment on parle de ce que l'on connaît et celui-là apprend partout qui sait écouter.

Je les aidais à faire le point, leur laissant seulement le soin (obligatoire) de m'apporter à midi la hauteur du soleil au-dessus de l'horizon. Par le ciel sombre c'était un travail de moins dont la paresse s'accommodait.

L'un d'eux cependant qui était très bien de sa personne et en avait un soin particulier, fils d'un gros armateur, avait de la littérature. Il possédait les classiques dont il avait à bord de riches exemplaires et, s'il n'avait été de nature bronchitique, il aurait parfaitement déclamé.

Même je crois me rappeler que par envie de développer

une habitude innée ou simplement par caprice, il avait été quelque peu élève du Conservatoire.

Par exception, il était plus âgé que nous et il avait beaucoup et bien travaillé : ce qui expliquait la maturité de sa science.

Et tant pis si votre complaisance ne goûte pas ce détail qui pour moi était plein d'irrésistibles charmes !

J'ai mentionné plus haut qu'en partant de Paris je n'avais emporté que des ouvrages de médecine. Lui, outre nos poètes classiques, il avait tout un choix de nos auteurs modernes (Alfred de Musset, ce chantre de la jeunesse ; *Corinne*, ce type de la femme idéale et par opposition la sensuelle *M<sup>lle</sup> de Maupin* ; l'*Esprit des bêtes* de Toussenel et les *Chansons* de Béranger, auteurs oubliés que nos neveux ressusciteront). Il avait les *Châtiments* en un format minuscule qu'il était allé chercher en Belgique, enfin toute une bibliothèque qui, pour être volumineuse, n'était pas encombrante, étant donné que rien ne se case mieux que des livres et qu'à bord il ne se perd pas un pouce de terrain.

Il savait par cœur les morceaux remarquables et il était superbe quand de sa voix, que dans son animation il parvenait à rendre vibrante, il nous envoyait une tirade. Alors ses yeux bleus et profonds lançaient des flammes, ses mains se crispaient, tout son corps frémissait et nous étions suspendus à ses lèvres.

Bien moins doué sous le rapport de la mémoire, j'essayais de lui rendre la pareille en lisant à haute voix ses pages préférées.

Bref, il avait de la poésie dans l'âme, et il était de ces délicats qui regardent à la qualité du vin et qui aiment à n'étancher leur soif que dans un beau flacon.

A notre passage à Kiel où les gros temps nous ramenèrent en octobre, il était mal portant. Sur mes instances il obtint de rentrer en France par la voie de terre et je l'accompagnai jusqu'à Hambourg, où nous passâmes deux journées intéressantes.

Et nous restâmes amis, correspondant souvent et nous

revoyant de loin en loin jusqu'à sa mort qui survint douze ans après.

Et mon cœur bat toujours sous l'affectueuse étreinte de ce cher souvenir.

Celui qui se rattache aux autres volontaires n'a rien que de très ordinaire. Toutefois, pour avoir eu au collège le premier prix de dessin, je serais mal avisé de ne pas leur octroyer un coup de crayon.

Le moins insignifiant était un grand roux à éphélides fauves qui, à ma stupéfaction, ne connaissait pas une note de musique, ayant pour père un savant et habile artiste qui fut presque conspué de son vivant et à qui la postérité s'est empressée d'élever une statue.

Un autre d'origine italienne dont il n'avait aucune apparence avec son teint blond, sa figure allongée et ses calmes allures, était la meilleure pâte du monde et avait pour caractéristique d'être d'une propreté plus que douteuse. Par les temps durs il restait des semaines sans se déshabiller et, le malheureux ! il se laissait envahir par la vermine.

Nous rîmes bien un jour que je l'obligeai, ce qu'il fit d'ailleurs de bonne grâce, à se plonger tout nu dans un baquet d'eau chaude où il fut astiqué de la belle façon, tandis que par ailleurs ses vêtements et son linge étaient désinfectés.

Le quatrième était un robuste et vaillant Breton, lourd d'esprit et brouillé avec la grammaire.

Celui-là sans malice n'était pas à sa place.

Ce groupe de volontaires fut, après la campagne de la Baltique, peu à peu et successivement remplacé par de vrais aspirants, c'est-à-dire des élèves sortis de l'Ecole navale. Ils furent aussi au nombre de quatre et chacun me revient avec ses traits distincts.

Sauf un, ils étaient de souche patricienne, si cette expression n'est pas déplacée dans notre fin de siècle, où plus que jamais le mérite personnel doit primer tous les autres.

Dans la marine de l'Etat, à cette époque qui n'est pourtant pas bien éloignée, les trois quarts des noms en effet se distinguaient par la particule ou des titres plus ou moins pompeux. Elle regardait de très haut tout ce qui était ou qu'elle jugeait au-dessous d'elle, et la distance qui séparait l'officier du matelot était incommensurable.

Elle était en quelque sorte restée l'arche sainte de l'aristocratie, où les noms communs semblaient fourvoyés: ce qui ne l'empécha jamais d'être valeureusement grande, ainsi que le prouve toute notre histoire.

Aujourd'hui, soit que la noblesse dirige ailleurs ses efforts, soit que les hautes études deviennent de plus en plus abordables à tous les studieux, la marine a fait comme les autres institutions, elle s'est démocratisée et certes elle imiterait au besoin les exploits de l'ancienne.

Pour revenir à mes moutons dont ils avaient la douceur, mes quatre Aspirants-Officiers qui étaient lettrés et surtout savants (c'était leur ressemblance) n'avaient d'autre point de contact que leur brillante efflorescence.

J'en estimais un particulièrement, non parce qu'il était de sang princier (son père était un des plus grands exilés de Pologne), mais parce qu'il possédait toutes les séductions, taille avantageuse, mâle beauté, instruction ornée, virile éducation. Nous nous étions bien vite liés et, je ne le cache pas, j'y avais bientôt trouvé mon compte dans les précieuses attentions que lui permettaient les envois de la famille.

Que de tasses de chocolat, ou de lait concentré, ou même de bouillon vinrent par lui me réconforter dans les passes critiques ! Cela n'a l'air de rien dans la vie ordinaire. Allez donc voir ce que c'est d'être dégoûté au point de ne pouvoir plus manger que du biscuit ramolli dans du tafia brûlant : ce qui nous arriva pendant l'hiver 1855-56.

Avec cela il me lisait les lettres paternelles qui, à part quelques détails intimes, renfermaient des leçons de haute sagesse en économie sociale. Et nous nous délections dans les fortes lectures ; c'est avec lui que je parcourus d'un bout à l'autre les *Ruines* de Volney.

Les mêmes impressions rétrospectives se rapportent au

second de ces charmants camarades, à cette différence que
celui-ci était délicat dans le fond et la forme.

Il se piquait plus que les autres de littérature, ayant
fait sa rhétorique, ce qui était rare chez les candidats au
*Borda*.

Et c'était un de ces sensitifs pour qui le charme féminin
n'est remplacé par aucune magnificence. Ses aperçus à ce
sujet étaient délicieux, et gentiment il allait par les prairies
et sous les grands bois chanter ses amours sur le chalumeau
et graver sur l'écorce des arbres le nom de l'Idole.

Malheureusement il était fier de sa vicomté et, s'il ne le
faisait pas sentir à bord (ce qui eût été de mauvais goût), il ne
s'en privait pas à terre où il ne connaissait plus que les siens.

Entre parenthèses, outre mille élégantes inutilités, il avait
la manie des chaussures et, pour n'être pas sale, suivant
l'Auvergnat, ça tenait de la place.

Le troisième qui s'appelait tout court, était petit, malin-
gre, fin comme l'ambre et malicieux jusqu'au bout des on-
gles. Il nous divertissait par ses gasconnades (il en était, de
la Garonne) et par ses tours de prestidigitation. Mais ces
qualités, très appréciables en société, n'allaient pas jusqu'au
sacrifice de la moindre part des provisions qu'il recevait et
dégustait en cachette.

Et un soir nous lui jouâmes un tour pendable.

Commandant une corvée qui devait durer une partie de
la nuit, il oublia en partant la clef de l'armoire aux provisions consistant principalement en une grosse terrine de
foie gras et en fines bouteilles.

Nous fîmes signe à notre proche voisin, le maître mécanicien dont nous avions apprivoisé la constante réserve.
Cet homme aimable et instruit que j'ai du plaisir à me rappeler, valait plus que d'être un premier-maître, c'est-à-dire
un adjudant sous-officier, grade qu'en ces temps préhisto-
riques on ne dépassait pas dans la machine, si ferré qu'on
fût sur les devoirs professionnels.

Je me trompe : les jeunes mécaniciens étaient admis à
concourir pour le grade d'enseigne, et leurs succès excep-

tionnels justifiaient au rebours l'immortel Figaro qui n'obtint pas la place à laquelle par malheur il était propre.

Les qualités et l'âge de notre mécanicien en imposaient à
tous dans la meilleure acception du mot. Il était le type de
l'honnête et du laborieux que les soucis de la famille et les
soins de sa charge poursuivaient même en songe. Que de
fois je le tirai de rêves tournant au cauchemar et quels bons
mercis il m'adressait à travers la cloison !

Et je suis bien loquace pour n'avoir pas encore bu.

Le fait est que nous nous attablâmes et que, sans préciser
vis-à-vis de notre hôte qu'aurait choqué une semblable
liberté, nous bûmes ou mieux, parce que c'était excellent,
nous sirotâmes à la santé de l'absent, ne touchant guère à la
terrine dont le vide eût été difficile à expliquer et jetant à la
mer par le hublot les flacons absorbés.

Après quoi, j'en cassai un au-dessous de l'armoire, j'eus
la précaution d'y oublier quelques fragments et je trempai le
sol.

M'entendez-vous l'accablant de reproches, mon aspirant
à sa rentrée, avant qu'il se doutât de rien et comme il
courait aux subsistances ? Un coup de tangage avait ouvert
l'armoire qui était mal fermée, et les bouteilles mal arri-
mées avaient dégringolé avec fracas. N'aurait-il pas mieux
valu qu'il nous les eût offertes ?

Il en fut pour sa courte honte et, sans offenser ses mânes,
nous n'en eûmes aucun regret.

Je ne parle pas du quatrième qui, lui aussi, avait un joli
nom et un bel avenir que seul il a grandement réalisé, puisque, si je ne m'abuse, il est encore en vue.

Et pour mémoire j'en citerai un autre qui ne fit que passer, s'étant échaudé dans une sortie. Celui-là avait le mal
de mer désobligeant et, comme les chats, il aimait si peu
l'eau que les camarades me voyaient avec plaisir lui partager
son pain.

Et toute cette jeunesse dont vous avez compris que j'étais
le confident, vivant à chaque instant dans son intimité et ne
lui causant aucun ombrage, avait un défaut commun, c'était

de n'être pas curieuse des choses de la nature et de me laisser presque toujours seul pérégriner.

C'était probablement parce qu'ils avaient devant eux tout un avenir de voyages et qu'ils n'étaient pas pressés de profiter de l'occasion que pour ma part je prenais aux cheveux.

# XII

## LA MÉDITERRANÉE

ORSQU'ON a eu le bonheur de faire ses humanités et, comme il m'est arrivé, de les faire dans de fructueuses conditions, grâce à la savante et habile maîtrise de mon Oncle paternel, on en sort imprégné jusqu'à la moëlle des magnificences de l'histoire qui a rempli l'ancien monde, ce monde qui gravitait autour de la Méditerranée et qui dans l'esthétique a laissé des traces si profondément séduisantes que nous ne cessons de les suivre.

Des Colonnes d'Hercule au Pont-Euxin, de l'Ibérie au pays des Pharaons et des Hébreux, de Massilie à Carthage, d'Athènes à Rome l'esprit humain sous les formes les plus diverses s'est élevé dans l'art à de telles hauteurs que rien ne le tente plus que de s'y maintenir et qu'il est inadmissible qu'il en descende.

Arrière les panégyristes enthousiastes ou les violents détracteurs !

Cette histoire, la seule en quelque sorte jusqu'à la fin du quinzième siècle, est trop vieille pour nous passionner dans un sens ou dans l'autre. Mais son influence sera toujours captivante, parce que de tout temps l'humanité sacrifiera la réalité à l'idéal et parce que de tout temps les fictions poétiques seront pour fleurir et parfumer les sentiers de la vie.

Si le progrès est continuel dans les œuvres de science et

d'expérience, si sous ce rapport les Modernes sont infiniment supérieurs aux Anciens, dans les œuvres qui tiennent uniquement des facultés spontanées, nous ne paraissons pas devoir dépasser les limites que le génie antique a atteintes et dont tant de gloires racontent l'apogée.

Ne vous récriez pas, hommes d'à présent chez qui la fièvre du gain n'a pas complètement étouffé l'amour du beau, c'est dans l'art et par l'art qui primera toujours la science que le cœur se réchauffe et que l'âme s'exalte.

Et toutes choses égales d'ailleurs, les chants de Tyrtée feront toujours triompher Lacédémone.

Quoi qu'il en soit de ces observations, il est certain que la nature s'est montrée particulièrement généreuse dans les dons qu'elle a départis à l'ancien monde et qu'il ne paraît pas qu'il faille l'attribuer aux mœurs, aux religions, aux gouvernements qui y furent si divers, mais bien à cet ensemble de conditions climatériques et de configurations géographiques qui particularisent les bassins de la Méditerranée, cette grande ensorceleuse aux yeux bleus (γλαύκωπίς) dont les rares morsures s'effacent largement sous les belles caresses.

L'Arabe lui-même se laissa prendre aux charmes de l'enchanteresse quand, obéissant à ses penchants belliqueux et dominateurs, il vint secouer la léthargie du Moyen-Age et renouer les traditions interrompues par l'effondrement de l'Empire Romain.

Qui se douterait aujourd'hui qu'il fut le conquérant et le maître de toute cette mer qui redeviendra celle des Latins quand ils le voudront (*mare nostrum*), et qu'il arriva à un très haut degré de civilisation par la culture des sciences dont la médecine ne fut pas la moindre, par ses ouvrages d'histoire, par ses poésies et son architecture ?

Si la désolante doctrine du fatalisme l'a arrêté dans ses remarquables évolutions et finalement l'a immobilisé dans de stupides préceptes, si d'ailleurs les discordes, les hérésies et les vices avaient enrayé le brillant essor des arts aux contrées qu'ils ont illustrées, leur puissance pour être latente

n'en persista pas moins, parce que (j'y insiste) elle est inhé-
rente au sol et au climat, parce que sans contredit le ciel
leur fit cette couronne dont notre chère France reste un des
beaux fleurons.

Au surplus, parcourez la Méditerranée, et, vous reportant
aux temps reculés, voyez si elle a changé. C'est toujours le
grand Lac aux flots bleus qui reçoit tout et ne rend rien
qu'en vapeurs bienfaisantes. Et c'est toujours les mêmes
rivages à propos desquels on peut affirmer qu'à passer de
l'imagination à la réalité il y a de la perte, si on n'en con-
sidère que la surface.

Le *Phlégéthon*, ancré devant Cadix dont l'accès nous fut
interdit par une absurde quarantaine, alors que ses cano-
tiers à sombreros nous apportaient des oranges (oranges si
douces que l'un de nous les dévorait à pleines dents), quitta
ce port le 17 janvier, le jour de la Saint-Antoine, mon véné-
rable patron et, passant devant Trafalgar de sinistre mémoire, s'engagea dans le détroit de Gibraltar où tout de
suite nous fûmes frappés par la nudité de son immense
rocher, qui surplombe la mer à pic et que les Anglais
détiennent avec mille embrasures.

Sur la rive opposée Tanger, Ceuta et le Mont aux Sin-
ges avaient aussi attiré nos regards. Et nous longeâmes
toute la côte d'Afrique, ne distinguant que les cimes nei-
geuses de l'Atlas dont les Anciens ont fait les piliers de la
voûte céleste.

Malte, qui fut notre première relâche et devait être la
dernière dans la Méditerranée, offrit ample matière à admiration dans les diverses stations que les allées et venues
nous y octroyèrent.

On y était presque bord à quai et comme chez soi, étant
données les circonstances.

Son chef-lieu, La Valette, qui doit son nom à son fonda-
teur, le grand-maître de l'ordre, est un port vraiment original par ses découpures, ses escarpements et ses triples
remparts. Les rues de la ville sont tirées au cordeau ; elles

montent et descendent de façon pittoresque. Les maisons se présentent bien avec leurs balcons vitrés.

L'église Saint-Jean d'aspect gothique renferme les tombeaux des anciens Chevaliers, et le palais du Gouverneur montre leurs armures dans une grande salle où elles sont alignées comme pour une revue.

Que d'armets, de cuirasses, de brassards, etc., et hors de là quel oubli de réelles grandeurs et d'irrémédiables décadences !

La ville est très-animée en raison de son importante escale qui y amène sans cesse une population flottante très variée. Les capucins y sont encombrants et les mantilles attrayantes.

Les oranges y sont délicieuses, comme celles de Cadix. A la saison, nous en mangions à bouche que veux-tu et nous en emportions une cargaison.

L'île par elle-même n'en est pas moins un pauvre rocher qui ne suffit pas à nourrir sa population indigène laquelle, suivant un courant habituel, émigre sur le continent africain. Ce fut beaucoup plus tard une de mes surprises dans la province de Constantine d'y trouver, surtout sur le littoral, tout un peuple de Maltais qui, tout en y vivant à l'abri de nos lois protectrices et sans aucune sujétion, ne manquent pas de se réclamer de l'Anglais à la moindre anicroche.

A La Valette, quand on allait en Crimée, on débarquait les malades graves : ainsi fîmes-nous d'un de nos chauffeurs amputé au large de Cadix, lequel nous retrouvâmes, un mois après à Toulon, complètement cicatrisé et, *proh pudor !* heureux de son involontaire mutilation qui lui assurait une retraite.

L'ouvrier, victime d'un accident de travail, ne devrait-il pas, lui aussi, jouir d'un semblable bénéfice ? Et pourquoi notre société à cet égard est-elle encore une impitoyable marâtre ?

Enfin je conserve de Malte un souvenir exquis, celui d'y avoir écouté au théâtre de la belle et bonne musique, de cette musique qui ne satisfait pas seulement l'oreille, mais qui parle au cœur et à l'imagination.

Et aujourd'hui encore mon appréciation n'a pas varié et je ne m'en dédis pas.

Je reste parfaitement indifférent ou même j'éprouve de la fatigue à l'audition des élucubrations savantes dans lesquelles on verse de notre temps, tandis que je suis toujours agréablement ému par les mélodieuses inspirations de notre vieux répertoire.

De semblables jouissances m'étaient réservées au théâtre, également Italien, de Constantinople.

J'ai dit plus haut qu'il ne fallait pas juger des pays méditerranéens par leurs rivages. Encore plus qu'à Gibraltar et à Malte, cela s'applique à la Grèce et à l'Archipel.

Vous ne vous figurez pas ma désillusion à la vue des rochers nus du cap Matapan, qu'on rasait de très près. Le même tableau que je retrouvai au cap Saint-Ange et dans les îles, à commencer par Cerigo, l'antique Cythère, déjoua momentanément toutes mes belles idées et ce ne fut pas sans peine que j'essayai d'entrevoir derrière ces rocs difformes, taillés à pic et affreusement stériles, quelques charmants vallons de la mythologie.

Au contraire, j'en compris parfaitement les Enfers, l'imagination des Anciens n'ayant pu mieux les placer qu'au milieu de ces pics ardus et de ces profonds abîmes que la nature enfanta dans une de ses convulsions.

A Milo, île en pain de sucre échancré à sa base par une anse aux eaux tranquilles, nous débarquâmes souvent. On y prenait le pilote.

Là aussi étaient des rochers dénudés aux arêtes aiguës, et dans leurs interstices des prairies et des champs cultivés contrastaient avec la teinte grise et poussièreuse des bois d'oliviers.

Sur le plus culminant est perchée la bourgade aux maisons carrées et basses, à terrasses. Nous y montâmes juchés sur des mulets et fortement cahotés sur le chemin pierreux malgré les soins des conducteurs.

A notre approche accourait la belle Grecque à l'œil noir et le Grec non moins beau au costume original et bien porté. Les enfants nous saluaient en criant et nous passions en graves personnages.

Nous courûmes par monts et par vaux, visitant certaines grottes, une église, des moulins à vent et surtout l'emplacement où fut déterrée la célèbre Vénus.

Les pics d'Andros et de Négrepont étaient une fois couverts de neige. Une autre fois, nous rasâmes les bourgs de Syra et de Tino, assis près de la mer.

Et puis c'étaient Chios, Métel in et le continent Asiatique se dévoilant plat et uni avec des falaises toutes droites.

C'est là que mes transports de jeune homme s'évanouirent tout à fait, et que néanmoins les poèmes Homériques m'apparurent d'autant plus grands que le siège des actes qui s'y déroulèrent est plus triste et mesquin.

Comment ! c'est là qu'il y a quelque trois mille ans s'accomplit cette mémorable histoire que causa le rapt de la belle Hélène par le Troyen Pâris et dont le retentissement devait remplir les siècles à venir !

Cette île minuscule de Ténédos, sur laquelle le Turc a porté ses canons et ses minarets, c'est l'île chantée par Virgile (*nolissima famâ insula*) près de laquelle s'assemblèrent les trirèmes d'Agamemnon et où, tant les lieux sont immuables, se réunirent en 1854 les flottes alliées se préparant à forcer les détroits pour envahir la mer Noire (baie de Besika) !

La côte abrupte qui est tout proche et sur laquelle se profilent deux monticules que l'on prétend être les *tumuli* d'Achille et de Patrocle, c'est la rive Troyenne !

Et plus loin à Dardanelles, ce ruisseau aux bords vaseux, c'est le Scamandre de l'ancienne Ilion !

Le *Phlégéthon* s'y arrêta dans un de ses retours en France pour charger un bas-relief, et je fus heureux de fouler cette terre sur laquelle d'incomparables héros brillèrent d'un tel éclat que la poésie les a éternisés.

Mais je n'en revenais pas de ce spectacle affligeant et j'étais écœuré par les baraques malpropres, les chemins sales, les guenilles et les chameaux.

## XIII

### CONSTANTINOPLE

 remonter les Dardanelles flanquées des deux côtés de châteaux-forts et batteries rasantes, la perspective est belle par leur apparence de grande rivière qu'animent le va-et-vient des navires et, sur ses bords cultivés, des villages nombreux.

Et c'est tout : à mettre pied à terre c'est ce que je viens de dire en humble voyageur à qui la vérité se montre toute nue.

Et Gallipoli n'est pas pour me démentir avec sa boue et ses cahutes.

Je ne sache pas que la mer de Marmara nous ait jamais autrement accueillis que par de faciles traversées. Avec ses vertes îles et ses horizons bleuâtres elle s'en vient prestement jusqu'à Constantinople, à l'entrée du Bosphore où tout m'était devenu familier, grâce aux fréquentes apparitions qu'y faisait le *Phlégéthon*.

Vous n'êtes pas allés par là, amis lecteurs, et vous en rapportant aux descriptions et surtout aux images, vous vous attendez, n'est-ce pas ? à des étonnements.

Superficiellement parlant vous avez raison, ainsi qu'en

voici l'assurance : car j'étais dans votre état d'esprit, avant que ce coin de l'Orient sollicitât mon attention par ses multiples attractions, et j'avoue qu'à ses abords je fus émerveillé par le magique décor, que les plus riches métaphores seraient insuffisantes à dépeindre.

Nulle plume en effet ne saurait traduire les splendeurs du panorama, au moment où l'on double la pointe du sérail, ce promontoire fortifié qui cache des mystères. N'était-ce pas là, raconte-t-on, qu'étaient précipitées, enfermées dans des sacs, les odalisques infidèles ?

La profonde baie de la Corne d'Or s'insinue, en les séparant, entre les deux grands quartiers de Stamboul et de Péra.

Le Bosphore, bordé de villas et de kiosques, y termine à travers de fertiles coteaux son cours rapide et sinueux; et les caïcs, canots étroits et longs, le fendent allègrement. Les bâtiments de toutes les nations projettent leurs mâtures dans l'espace. Et puis c'est l'immense ville aux palais semblant sortir du sein des ondes, aux cent coupoles et minarets s'étalant sur ses collines qui s'étendent ou s'élèvent en courbes gracieuses, dominant le faubourg asiatique de Scutari, l'île des Princes et les flots azurés.

Et quand le printemps ajoute à cette magnificence sa voûte éthérée, son gai soleil, sa verdure et ses fleurs, ce site est admirablement unique.

Pour ma part, la première fois que je le contemplai, sa sublime beauté éclatant dans une fraîche aurore, je restai silencieux, tout entier à l'ivresse d'une harmonieuse rêverie.

J'ai eu un excellent ami et confrère qui, jouissant de beaucoup de rentes et de loisirs, aimait à les employer en envolées dans les nuages. Il rêvait lui aussi, mais son réveil le ramenait sur la terre où, disait-il plaisamment, il ne détestait pas de tremper ses ailes dans le ruisseau.

Pour l'instant, faisons comme lui et allons au fond des choses que voilent de si superbes décors.

Vous hélez un caïdji et en quelques brassées vous êtes

au débarcadère en mauvaises planches sur de mauvais piquets.

O déception ! la dissection commence.

C'est sur des fumiers amoncelés et putrilagineux que vous posez les pieds. Des chiens errants et craintifs vous regardent et aboient.

Et vous tombez dans Galata ! Et une grande tristesse vous envahit sur les hideurs qui vont vous suivre !

Quel amas de misérables bicoques !

C'est un pêle-mêle sans nom, une détestable confusion de baraques en bois à la teinte rouge, aux étages serrés, des rues ou mieux des ruelles inextricables qui se tordent dans tous les sens, se perdant sous des voûtes sombres ou en mille recoins ; des pavés défoncés, des escaliers désespérants ; pas l'ombre de ce que nous appelons une place, un quai ; des cimetières très laids dans la ville même avec des cyprès épars pour combler la note ; et par la pluie des flaques et de la fange à volonté.

Et dans ce milieu pataugent à l'envi des chiens, des chevaux, des ânes, des Turcs, des Arméniens, des Grecs, des nègres, des Anglais, des Français scrutant le sol pour éviter les faux pas, bousculant et bousculés, et par-dessus le marché des femmes rares, très rares dont on ne voit sous un costume bariolé que les deux yeux et de grandes babouches.

Par la boue l'homme marche pieds nus ou en bottes, selon son habitude. La femme s'adjoint deux socques à deux hauts talons, l'un derrière, l'autre devant, avec lesquels elle saute plutôt qu'elle ne marche.

Péra, le quartier Franc qui est établi sur la hauteur, a cependant des airs de civilisation. Sa grande rue qu'on a la comique audace d'appeler ainsi, parce qu'elle est moins tortueuse que les autres et qu'on y circule sans se râper les coudes, contient des maisons en pierre à mine passable. On s'y retrouve presque en pays de connaissance ; mais n'obliquez ni à droite ni à gauche, vous retomberiez dans le fouillis.

C'était à l'extrémité de cette rue qu'étaient le Palais des

Fleurs, un nom prétentieux pour une rotonde vulgaire où l'on se rafraîchissait en musique, et le théâtre que faisait agréablement valoir une troupe italienne.

Pas n'est besoin d'ajouter que tout ce qui est un peu propre (extérieurement) n'a rien de commun avec le Turc qui le subit, ne pouvant pas faire autrement et que, s'il y a des exceptions, elles confirment la règle.

Au surplus, si je ne vous ennuie pas, suivez-moi toujours et examinons ensemble quelques originalités locales et d'abord les deux grossières tours de Galata et de Stamboul, du haut desquelles une garde permanente veille pour signaler les incendies. Quoi de surprenant dans une ville en planches ! Moyennant une légère rétribution, on vous y offre le café, ce café oriental qui se laisserait boire, si on n'en mangeait.

Le Bazar tant renommé n'est qu'un vaste entrecroisement de couloirs étroits et couverts, où s'entassent dans des échoppes construites à la diable toutes sortes de marchandises.

On s'y heurte dans des parfums entremêlés. C'est une curiosité et une dérision.

Le principal établissement des Bains Maures vaut la peine qu'on y pénètre pour s'y faire échauder, astiquer et masser d'importance dans la vapeur, dans l'eau chaude et l'eau froide. On y est servi par de jeunes gars dans le simple appareil, et l'on s'y repose dans des galeries surélevées sur des lits plus ou moins moëlleux, où l'on vous apporte le sempiternel café et la chibouque au long tuyau de bois dont le foyer s'allume avec une braise, ou le narguilé dont la fumée s'aspire à travers de l'eau de senteur. Le fond n'y est pas alléchant et les odeurs n'y ont rien de suave.

Sainte-Sophie que les Turcs n'ont pas inventée, ainsi que son nom l'indique, est la plus belle des mosquées. Elle est bâtie en marbre que le temps ronge et ne remplace pas. Sa coupole est élégante ; ses galeries, où sont admis les Roumis, sont incrustées de mosaïques qu'entament les couteaux des visiteurs. De magnifiques tapis en recouvrent les dalles et les murs et y constituent le seul et véritable ornement. Pas de sièges, une chaise toute simple pour la prédication. Les fidèles, pieds nus, s'asseyent par terre en se croisant les jambes et déclament des prières en se dodelinant. Du reste, un état de vétusté qui lui donne l'attrait d'une véritable antiquité. Ses minarets élancés et beaucoup d'autres ne contribuent pas peu à donner à la perspective le cachet qui la caractérise.

Il y a aussi l'obélisque du sultan Mahmoud, celui qui arrangea si bien les janissaires révoltés, du temps de nos grands-pères. C'est tout là-bas, au bout de Stamboul, en briques communes, recouvertes d'un mastic quelconque qui se détache par plaques.

Et dans les environs sont les restes des citernes à colonnades, voûtes et arceaux, qu'avait édifiées la prévoyance de Constantin et qui servent à présent d'ateliers à des cordiers. On y descend par des trous et d'immondes échelles.

C'est là, que reconnu pour un médecin français, je fus accosté par un de ces cordiers qui me conduisit chez lui, dans une turne, où il me présenta un enfant malade. Par la mimique je lui fis comprendre quelque conseils hygiéniques qui parurent le frapper et dont il me remercia avec force salamalecs.

Pareil fait m'était arrivé au village de Bünge en Gotland à l'autre extrémité de l'Europe (page 43). Sur la route je remarquai une maisonnette de propre apparence et eus la fantaisie de la connaître. Le maître qui était sur le seuil, accéda à mon désir et naturellement je déclinai mon titre. Aussitôt entouré par toute la famille, je fus introduit auprès d'une jeune malade qui ne l'était guère et me souriait en rougissant. Nous parlâmes par gestes, j'indiquai la nécessité de soins bien simples, je goûtai la tisane, témoignai ma satisfaction des remèdes employés, pronostiquai une prompte guérison et, après avoir jeté un coup d'œil sur un intérieur engageant, je me retirai, comblé par tous. Tant est douce la confiance que la souffrance inspire !

Je ne parle pas des palais de Constantinople, n'en ayant
vu qu'un (en réparation) dans lequel à côté de réelles beautés, telles que les salles de bains, il y avait des ornements
baroques.

Et si je me complais dans ces détails, c'est parce que je
suis certain que rien, à quarante ans de distance, n'a été
modifié dans un sens meilleur par le Turc lui-même et
que là où il continue à être tout à fait chez lui, tout continue à s'acheminer vers la ruine.

Je suppose cependant (mais ce n'est pas son fait) qu'on
n'est plus obligé la nuit de se guider avec des lanternes,
en d'autres termes qu'il y a un éclairage public à Constantinople. Il fallait être armé pour s'y attarder le soir, parce
qu'au retour on risquait de mauvaises rencontres près des
fumiers de la Corne d'Or. Le sabre au clair et le pistolet
au poing, éclairés par la lanterne suspendue à un bouton,
c'était le moins pour tenir en respect les mal intentionnés.
Cela nous advint une fois, à un aspirant et à moi, et nous
n'y revînmes pas.

Et il est ainsi partout de ce qui touche au Turc.


A Beïkos, sur la rive asiatique du Bosphore où le *Phlégéthon* fit de nombreux séjours (c'était l'escale au charbon)
et d'où l'on se rendait aisément sur la rive européenne à
Thérapia, à Buyukdhéré où sont les habitations d'été des
grands seigneurs et des ambassadeurs, est-ce que, à part
ces demeures et leurs jardins, ce n'est pas toujours de vilaines baraques, de mauvais chemins, des tas d'ordures et de
tristes gens ?

Là, j'ai vu au fond d'une ravine qu'il traverse un aqueduc romain qui se conserve tout seul, tant il est bien bâti.
Je m'y suis assis tout près du rivage sous des platanes énormes, à l'ombre desquels une légende rapporte que Gode-
froy de Bouillon aurait planté sa tente.

Et si l'on s'y délectait en fréquentes promenades, c'était
en s'aventurant à travers champs sur les collines verdoyan-

tes que comporte le sol et qu'une heureuse fatalité laisse à leur sort naturel.

C'est dans une vallée de la rive asiatique qu'a lieu, le vendredi (le dimanche des Turcs), la fête des Eaux-douces, analogue à nos fêtes foraines, où tout le monde du haut en bas se donne rendez-vous.

On y circule au milieu des marchands de fruits, de sucreries et de bimbeloterie, sous les arbres et sur l'herbe. Les flâneurs s'y prélassent sur des coussins et aspirent béatement le tabac parfumé d'un narguilé commun ; d'autres fument isolément la petite pipe de haschich. Peu de bruit d'ailleurs, autre que celui de musiciens exécutant par groupes des mélodies au rythme mollement cadencé avec accompagnement de tambourins, de chalumeaux et guzlas. Quelques femmes voilées se promènent de ci, de là.

Des odalisques y passèrent en fiacres dorés sur tranches, dont elles baissèrent discrètement les stores pour laisser suffisamment voir, dans leurs costumes étincelants et sous leurs voiles transparents, de croustillantes physionomies et leur gorge entourée de dorures.

Le fils du Sultan à cheval, avec un parasol et l'escorte obligatoire, y passa également, impassible et atone.

Enfin il était très ordinaire de rencontrer sur le chemin le fidèle Musulman qui regarde tout chrétien comme un ennemi, si ce n'est comme un chien. Il s'arrêtait près d'une source, se tournait vers la Mecque et marmottant des versets du Coran, tantôt droit, tantôt accroupi et baisant la terre, sans rien voir et rien entendre, il se livrait à ses ablutions, cette loi hygiénique que Mahomet sut transformer en un précepte religieux.

Celui-là croit aux sensualités célestes et il prie pour les obtenir, cinq fois par jour, ainsi que l'y invite le muezzin du haut du minaret.

Chez nous, c'est au moins trois fois par la cloche pour les âmes ignorantes et naïves, et le but est aussi dans les récompenses paradisiaques.

Seulement, notre religion bien comprise a cet avantage

d'être toute d'abnégation et de bonté. Et, ce qu'il y a d'extraordinaire dans les croyances humaines, c'est que la doctrine de Boudha qui ressemble tant à la nôtre par les recommandations de sacrifice, de pauvreté et d'amour, promet le repos suprême dans le néant par la pratique de toutes ces vertus.

Sans plus de citations, à quoi entendre ?

En résumé les Musulmans, dont les immigrations en Afrique et en Europe furent l'œuvre stupéfiante de Mahomet et de ses successeurs, sont bien déchus depuis longtemps, et je doute que jamais ils se relèvent pour de puissantes raisons dont la principale est, avec leur fatalisme, leur manière de considérer le travail et la femme.

Pour eux travailler c'est servir, c'est-à-dire être esclave. Pour nous, c'est être libre et prier dans la meilleure acception du mot.

La femme est leur femelle. Quelle impiété serait la nôtre si cette chère moitié de nous-mêmes cessait de rayonner sur toutes nos actions ! Où serait l'intérêt, où seraient les délicatesses ?

Père, époux, fils ou frère, est-ce que vous croiriez aux choses belles et nobles, si vous n'aviez l'enchantement de ses douces tendresses ?

Oui, on a dit du Turc qu'il était l'homme malade en Europe ; on a dit aussi qu'il n'y était que campé et on n'a jamais mieux dit.

Et il ne changera pas, parce que c'est écrit et parce que Mahomet est le prophète d'Allah.

Inertie et ruine, cause et effet, telle est la fatale destinée de ce peuple qui ne se soutient que par des ressorts étrangers.

Tout le monde, en effet, ne s'intéresse-t-il pas à son maintien ? Et, par un singulier concert, (quel rare sujet pour image comique !), chacun ne fournit-il pas un étai à la maison qui croule, ayant l'air à l'avance de s'effrayer des décombres et au fond spéculant ou empêchant de spéculer sur le déblaiement ?

Demandez aux voisins, à ceux dont la convoitise est directe et semble naturelle. Demandez à d'autres, toujours prêts à lier des choses dissemblables. Ils l'avalent des yeux, cette pauvre Turquie ; du doigt ils se la montrent. *Et, occasione datâ, quis esset in rapacitate avarior ?*

J'ai écrit ailleurs mon rêve du Lac Latin et j'ose pronostiquer que l'avenir réserve aux riverains-Nord de la Méditerranée d'en faire une réalité.

Ici ma simplicité se complaît dans une solution à laquelle personne ne pense ou ne veut penser.

Mahomet II en s'emparant de Constantinople, il y a quatre siècles et demi, remplaça les vieilleries d'un empire abâtardi.

Pour accorder net toutes les prétentions, ne serait-il pas sage de rétablir cet empire ? Et les Grecs, rajeunis et rendus à eux-mêmes, ne seraient-ils pas capables d'en assumer la charge ?

Ainsi serait jugée l'affaire et ainsi, sans dépens, (voir notre immortel fabuliste), de part et d'autre en paix on resterait chez soi.

## XIV

### EFFETS DU HASARD

I je me laissais aller au fil des événements, je pénétrerais maintenant dans la mer Noire en fixant au passage les châteaux-forts et les batteries rasantes qui avaient et ont encore la prétention de défendre l'entrée du Bosphore. C'est la même disposition que dans les Dardanelles pour obéir à des traités que l'on respecte, tant qu'on ne les déchire pas.

Mais la Méditerranée, c'est mes amours et j'y reviens.

Aussi bien notre corvette ne ressemblait en rien à un vaisseau ou caserne flottante qui évolue quelquefois, mouille au large et ne bouge plus. Et, à m'éviter un pareil embarquement où je serais mort de chagrin, le hasard eut vraiment de l'esprit et le justifia par une foule d'aventures que je recueillais avec avidité.

Donc le *Phlégéthon* aborda la Crimée, débarqua les fantassins de marine pris à Cherbourg et à Brest et repartit pour la France, chargé évidemment de quelque importante mission, et pour Constantinople d'une première série d'infirmes dont quatre moururent en route.

Les pauvres garçons ! c'était sans doute pour les bercer d'une dernière espérance qu'on les empêchait de s'endormir sans secousse sur le sol de l'ennemi !

Parmi les blessés étaient des victimes du froid dans les tranchées où les pieds se gelèrent jusqu'à mortification. J'eus l'occasion dans le trajet de retirer des pansements un, plusieurs et même tous les orteils complètement détachés.

Ce voyage (février-mars 1855), un pareil qui eut lieu en

octobre-novembre et le troisième et dernier en juin 1856 me procurèrent l'agrément de voir et de revoir les nouveautés que comportaient les inévitables variations d'un long parcours.

Entr'autres intéressants tableaux, j'ai retenu celui de l'Etna dans le soleil couchant. Comme par un fait exprès la grande silhouette du volcan avec ses lignes noires nous apparut sur un horizon tout lumineux dans un embrasement fantastique. On eût dit que le soleil s'enfonçait dans le cratère.

Il advint aussi que nous franchîmes en plein jour le détroit de Sicile, dont les courants et tourbillons étaient tellement durs aux navigateurs anciens qu'ils en firent le gouffre de Charybde et l'écueil de Scylla, n'échappant à l'un que pour tomber dans l'autre.

Il y a longtemps que la fable seule en subsiste et que l'on se contente d'y regarder curieusement les villes opposées de Reggio et Messine et les montagnes environnantes. La mer y est bleue comme dans l'archipel, tellement bleue que c'est à en prendre pour s'assurer du contraire. Les côtes sont plantées de vignes et d'oliviers. Ensuite ce sont des escarpements et des ravins, dont la teinte sombre s'accentue à l'ombre de l'Etna.

A midi, cet aspect est encore plus frappant sur le littoral Nord de la Sicile et contraste vivement avec la claire image des îles Eoliennes, qu'on relevait tout près à tribord et parmi lesquelles se distinguaient le rocher conique de Stromboli dont le cratère vomit sans cesse une fumée épaisse et se déroulant en spirale, et Vulcano dont le large sommet jette par de nombreuses fissures des nuages de vapeur.

De là, on se pointait vers la Sardaigne que l'on côtoyait plus ou moins, on traversait les bouches de Bonifacio dont la blanche ville couvre une plage dominée par de hautes montagnes, et l'on gagnait Toulon (petite ville, grand renom !) dont les rues étroites et les maisons empilées étaient étranglées par les remparts classiques.

Je ne rééditerai pas les lieux communs concernant cette

importante localité, où le soir on humait désagréablement une atmosphère de relents tout particuliers.

Il serait également fastidieux d'insister sur l'affligeante nudité des côtes provençales, ce rideau de roches déchiquetées et brûlées qui vous accompagnent jusqu'à Marseille et derrière lesquelles, par un sort des plus heureux, la France étale tout de suite de splendides contrées.

Je fis à cette époque connaissance avec la Canebière que Paris n'a pas (!) et qui à de certaines heures rappelait les susdites senteurs. Plus tard, dans la carrière militaire je devais à plusieurs reprises séjourner à Marseille et y savourer le plaisir d'abondantes commodités et de superbes embellissements : les bassins de la Joliette terminés, des monuments et boulevards nouveaux, la Corniche et le reste qui en font avec son Prado et sa mer l'incomparable cité que tout le monde sait, et le Marseillais plus que tout le monde.

Mon premier séjour à Toulon fut marqué par un fâcheux incident et un incroyable hasard. Je devais au deuxième dire à mon vieux paletot gris l'adieu promis dans mes fragments de lettres. Usé jusqu'à la corde, ayant servi de coussinet dans le hamac, de couvre-pied par les froidures, il était à bout, riant et éclatant et, à l'instar des vieilleries, il disparut.

1º Voici l'incident : je me refroidis sous un coup de mistral et il en résulta une violente angine qui me suffoqua outrageusement et que je jugulai par dix centigrammes d'émétique. Seulement l'effet hyposthénisant du remède fut si prononcé (je n'en ai jamais repris et j'ai toujours hésité d'en ordonner) que mon chef jugea prudent de m'envoyer en lieu sûr. On est si mal à bord en cas de maladie !

Vous devinez à quelles tristes réflexions je me livrai, tandis que j'étais débarqué et porté en brancard à l'hôpital principal, puis transféré à Saint-Mandrier en canot armé par des forçats !

Cette misère fut d'ailleurs la seule qui estompa de gris

mon existence maritime. Quelles que fussent les autres, le
soleil luisait toujours et tout brillait sous ses rayons bien-
faisants.

Elle m'en remémore de semblables dont au hasard des
événements se gratifia mon organisme, évidemment très
apte à la germination des microbes.

A Paris où dès mon inscription à la Faculté (1851) je
m'étais mis, imprudemment sans doute, à fréquenter les
cliniques et consultations de l'Hôtel-Dieu, je contractai la
variole qui passa comme une ombre, pour cause évidente
de bonne vaccine : à propos de quoi il est indiqué de
signaler que cette léthifère et dégoûtante infection ne s'ob-
serve plus que par hasard dans l'armée, aujourd'hui que
le vaccin, puisé à sa source même, y est très largement et
mieux que jamais règlementairement dispensé.

J'y contractai aussi la gale et dans cette deuxième épreuve j'eus recours au même médecin. Aimable et compatis-
sant Docteur ! De quel effroi ne fus-je pas saisi quand,
sous prétexte de confraternité, ce vilain mot sortit crûment
de votre bouche ! C'est qu'en province on en était encore à
considérer cette *charmante* maladie comme une peste, dont
mon savant maître Bazin devait bientôt réduire le traite-
ment (*la frotte*) à la plus simple expression.

A mon retour de Crimée et à la veille de subir mon premier examen de Doctorat pour lequel je bûchais ferme à
l'amphithéâtre, j'eus la fièvre typhoïde qui me fit perdre
un mois (1856-57). Son bacille spécial, alors embryonnaire,
en fut pour ces frais que je n'eus pas de peine à rattraper.

Au Val-de-Grâce, dans mes fonctions d'aide-major surveillant, je fus atteint du choléra (1866) que j'enrayai moi-
même et pendant lequel je notai que mes pulsations radia-
les étaient tombées à 34.

Au cours d'un conseil de révision de l'Orne (1874), après
un claquement de dents qui dura toute une séance, un
érysipèle de la tête se déclara et, dans la bande de feu qui
me cercla le crâne, je fus bien dolent et bien attristé. Je le
fus d'autant plus que de très mauvaises conditions d'hos-

pitalisation, dans la saison la plus rigoureuse, déterminè-
rent la complication d'un rhumatisme musculaire généralisé
qui me fit souffrir mort et passion et que moralement je
n'ai jamais digéré.

Mais il faut croire que j'étais fortement trempé et que,
comme les joueurs habitués aux faveurs de la chance, ma
nature vigoureuse et résistante n'admettait pas la possibilité d'un revers. Par contre, mon malheureux frère Louis
qui de sa vie n'avait été sérieusement malade, a succombé
à la première atteinte (10 février 1893).

Je ne cite pas les divers accidents d'impaludisme auxquels je fus soumis en Algérie et en Tunisie et contre lesquels le sulfate de quinine fut toujours souverain.

Et je retourne à Saint-Mandrier, ce très bel hôpital situé
dans la verdure, de l'autre côté de la rade de Toulon, où
mon angine fut de courte durée et où j'eus néanmoins le
loisir de constater que les soins n'y étaient pas empressés.

A Alençon, où vingt ans après je devais être hospitalisé,
les soldats à affections légères étaient improvisés infirmiers
et le service naturellement allait cahin-caha. Ici, en 1855,
c'était mieux sans comparaison : les forçats en remplissaient
l'office et, malgré le choix dont ils étaient l'objet, ils répu-
gnaient à mon innocente candeur.

Je ne me rappelle plus ce qu'ils devenaient la nuit, s'ils
couchaient au bagne et s'ils étaient remplacés. Ce dont je
suis certain, c'est que d'autres malades et moi nous étions
obligés de nous lever pour remettre dans son lit un aspirant qui délirait et que personne ne veillait.

Ce que je sais aussi, c'est que comme à Alençon, comme
à l'hôpital de Lyon où une indisposition m'alita quelques
jours (1871), il y avait des sœurs qui ne se montraient guère,
et que c'est là que j'acquis de leur valeur dans les établissements militaires une idée à laquelle l'expérience du
malade et du médecin ne devait pas retrancher un iota.

Cela ne date pas d'hier.

Vous (tutti quanti), qui n'avez jamais mis les pieds dans
un hôpital ou qui n'avez fait qu'y passer en y rencontrant

à coup sûr une sœur attentive auprès d'un malade geignant et pantelant, parce qu'on vous y attendait, vous êtes pleins d'une admiration sans mélange, vous êtes attendris et, sans avoir même la pensée d'approfondir la légende, vous vous figurez qu'il est vrai que les sœurs sont tout entières aux malades, vous le dites, et au besoin vous l'affirmez.

Cette cornette aux yeux baissés, à la parole pateline, aux allures réservées, vous jette dans une douce contemplation.

Quel courage, quelle abnégation, quel sacrifice !

Eh bien ! j'ai le vif regret de vous contrarier et de vous répondre que les soucis des sœurs sont ailleurs qu'aux malades, même quand elles les approchent, et que les trois quarts ne s'en occupent en aucune façon.

Et j'ajoute qu'à l'exception de celles (*rarissimœ aves !*) chez lesquelles l'amour humain n'a pas tout à fait abdiqué, elles sont, ainsi que je l'ai retrouvé écrit dans mes tablettes d'autrefois, des femmes à l'esprit étroit et au cœur sec qui, désertant la lutte pour l'existence, remplacent les devoirs de la vie sociale par la préoccupation exclusive du salut individuel, la religion par des pratiques puériles, les hautes croyances et les saintes aspirations par un bigotisme ridicule, l'amour de Dieu par la peur du Diable.

2° Il n'est personne qui par une de ces rencontres que le hasard ménage, ne se soit trouvé face à face avec un parent, un ami, une connaissance tout-à-coup, au moment où l'on y pense le moins, dans des endroits où la bonne volonté n'aurait certes pas aussi bien réussi.

Le concours de circonstances, indépendantes les unes des autres, est tel en pareil cas qu'on n'en revient pas et qu'on s'exclame à qui mieux mieux.

Rien ne vous obligeait à sortir à cette heure, à prendre ce chemin, à vous arrêter en route ou à presser le pas ; ou votre course n'a pas abouti, ou elle vous a retenus. Vous êtes à mille lieues de songer à tel ou tel. Et voilà que vous vous rencontrez à brûle-pourpoint et à votre ébahissement réciproque, et que vous vous demandez si c'est possible.

Est-ce vrai, chers lecteurs, et n'avez-vous pas à votre actif quelques faits de ce genre ?

Pour moi, je ne résiste pas au désir d'en conter quelques-uns.

Le plus simple est celui d'un lieutenant d'un régiment de ligne envoyé de France en Tunisie. Pourquoi ce régiment plutôt qu'un autre, et pourquoi parmi les diverses colonnes fut-il attaché à celle de Tébessa dont je fus le médecin en chef ?

Ce lieutenant était originaire de Saint-Sylvain et n'y avait connu de prêtre que mon Oncle qui était très-lié avec sa famille. La mort avait depuis longtemps rompu cette liaison et il m'avait complètement perdu de vue. Aussi quel ne fut pas son étonnement en apprenant mon nom ! Il vint me voir, on s'expliqua et, comme lui, je tombai des nues.

Et nous eûmes des entretiens où nous parlions du pays et où nous ravivions les affections d'autrefois.

Voici qui est plus fort : un condisciple de collège avec qui je vécus au début de mes études à Toulouse et qui habita quelque temps la maison, quand mes parents furent installés à Paris, en d'autres termes un ami intime, arrivé dans la magistrature comme moi dans l'armée, avait depuis des années disparu de notre horizon.

J'avais obtenu une permission de huit jours et, à mon grand dépit, je rentrai quarante-huit heures après, précipitamment rappelé pour raison de service. J'étais en express, le train comprenait six wagons de première à trois compartiments chacun. Il s'arrête à un embranchement, la porte de mon compartiment s'ouvre et un monsieur entre et se place juste en face de moi.

Il n'avait guère changé et je le reconnus immédiatement avec sa figure pincée, ses yeux vifs, ses favoris professionnels et ses airs de suffisance. Et sans plus d'affectation qu'il ne convenait, je le regardais de façon à attirer son attention. Les années et ma coupe de barbe ayant sans doute modifié ma physionomie, il ne bronchait pas. Cela dura quelques instants : après quoi, n'y tenant plus : « Tu ne me remets pas ? » m'écriai-je. Et dans un éclair subit il me sauta au cou.

Qu'en dites-vous et douteriez-vous de nos épanchements ? Ils semblaient nous avoir rendu notre jeunesse évanouie.

L'anecdote suivante n'est pas moins invraisemblable :

Nous étions dans le fin fond de la Baltique et l'apprenti-marin qui servait le poste, ayant pas mal de besogne avec ses cinq hôtes, s'amusait rarement sur le pont. Parfois néanmoins il s'y distrayait avec les camarades, et dans la causerie on revenait chez soi : c'est si naturel quand on est loin, bien loin du foyer. Et au hasard de la conversation des noms étaient cités.

« Moi, je suis de Tulle », dit dans le groupe devisant ainsi sur le gaillard d'avant, un grand garçon, engagé volontaire, à qui la mer avait souri et que le recrutement avait dirigé sur Cherbourg. Pourquoi pas ailleurs, et là pourquoi l'affectation au *Phlégéthon* ?

Notre serviteur qui n'était pas sans savoir que moi aussi j'étais de Tulle, parce qu'à tous les degrés de l'échelle on aime bien à témoigner ses tendresses natales et que sous ce rapport on ne se gênait pas devant lui, m'avertit que j'avais à bord un compatriote.

« Nous allons voir, va le chercher. »

Et lorsqu'il fut là : « Sès de Tullo, grand gorçou ? — O plo, mouchur lou medeci. — E de chas qus sès ? — Séï lou fir de lo servento de chas Borio, lou farmachien. — Et coumo se faï que siaz cici ? — N'en sabe re : queï lou hosard. »

La démonstration était suffisante et je ne pouvais m'y méprendre ; c'était bien notre patois.

Cette langue, la langue d'Oc, dont la prononciation seule offre de sensibles variations à quelques kilomètres de distance, nous l'entendions tous chez nous dans ce temps-là et chacun la parlait comme père et mère. Moi-même, je la parle toujours avec bonheur et je me plais souvent à en faire ressortir les réelles beautés.

Qu'il est dommage que la diffusion des lumières et l'extrême facilité des mélanges aillent à l'encontre de sa conservation et par conséquent de son étude ! car ce sera une perte pour les générations futures qui peu à peu s'en seront détachées par les forces inéluctables qui homogénéisent de plus en plus les éléments divers de notre race française.

Quelques érudits dont la passion s'entretient par une douce erreur, sauront heureusement en conserver la trace et je ne doute pas qu'en fouillant les archives, leurs rares successeurs ne trouvent des jouissances à renouer les maillons qui enchaînent les langues mortes à la nôtre, actuellement si vivante.

Mais tout passe, n'est-ce pas ? Et serions-nous assez vieilles gens pour ne pas voir que l'avenir est toujours aux jeunes et qu'aujourd'hui les jeunes ne parlent plus patois ?

Malgré cela, et tant qu'un souffle m'animera, vive mon pays et vive son patois !

Le marin qui est la cause de cette digression était un excellent sujet.

Dans ma modeste sphère j'essayai de lui faire quelque bien et j'y réussis.

Au demeurant l'idiome méridional était également familier à mes précédents sujets, comme au dernier du reste dont la rencontre fut la plus extraordinaire.

Ne vous inquiétez pas : c'est le fond de mon sac et je le réservais pour la bonne bouche.

A l'époque visée (mars 1855) je n'ai pas besoin de rappeler à mes contemporains et j'apprends aux modernes que l'armée ne comportait que 100 régiments d'infanterie divisés en 75 de ligne, et 25 légers (*quantum mutata ab illâ !*)

Par le plus grand des hasards nous étions à Toulon, bord à quai et, guéri de ma satanée angine, j'étais presque continuellement à terre où je me rassasiais de courses instructives. Ainsi j'escaladai un jour les rochers qui surplombent la ville et ensuite je dévalai par les replis tourmentés de la montagne dans un frais vallon où coulait un étroit ruisseau, s'attardant à l'ombre des saulaies reverdissantes.

C'était déjà la saison où la nature se réveille sous les caresses du soleil et c'était d'une exquise sérénité.

La veille du départ, rentrant pour ne plus sortir, je trouvai le pont encombré de soldats et, au premier abord, je n'y pris pas autrement garde. Cependant je ne tardai pas à être impressionné par un drôle de numéro, le 99 auquel on n'était pas habitué.

Les régiments légers venaient de fusionner avec les régiments de ligne. Et tout-à-coup je m'avisai que le 99ᵉ n'était autre que le 24ᵉ léger et qu'au dit 24ᵉ léger était un de mes cousins maternels que j'affectionnais.

Je sus bientôt que 400 hommes étaient sur le *Phlégéthon* et le gros du régiment sur un vaisseau, et je dis au garçon de s'enquérir si notre détachement comptait un caporal du nom de Léon Bardon.

Quelques minutes après il revenait m'annoncer que ce n'était pas un caporal, mais bien un sergent qui s'appelait ainsi.

Et le sergent s'affala dans le poste où je renonce à vous décrire sa surprise. Il me savait dans la marine, mais où ? il l'ignorait et nous étions là ensemble, lui d'un régiment quelconque partant pour l'Afrique sur un bâtiment quelconque, moi retour subit et imprévu de Crimée sur le bâtiment qui devait prendre une faible partie du 99ᵉ dans laquelle était précisément mon sergent.

Après cela ne faut-il pas tirer l'échelle ?

Et ce n'est pas fini : le hasard maintint notre réunion pendant une huitaine.

Avec l'aimable assentiment de mes copains je l'installai dans le poste, en ce sens qu'il y mangea avec nous et qu'il y coucha dans un coin.

Et nous chauffâmes pour Alger.

Or, à peine avions-nous gagné le large que le vent fraîchit, que la mer grossit et enfin se démonta, au point qu'un de nos canots (pourtant solidement amarrés) fut emporté par une vague, et qu'après avoir dépassé les Baléares nous fûmes forcés de rebrousser chemin pour y chercher un abri. Au surplus la machine s'était faussée dans une de ses bielles.

Et nous montâmes à Mahon, agréablement perchée sur le fond de son golfe en forme de rivière.

J'y écoutai des guitares en savourant des oranges et j'y remarquai sur une place et dans une rue le nom d'Orfila, ce brillant professeur de chimie qu'enfant j'avais vu à Tulle lors du procès Lafarge et dont j'avais assidûment suivi le cours dans mon premier semestre de médecine.

Avec sa figure mate et fine, toujours rasée de près, avec sa blanche calvitie, comme il posait bien, quand d'un geste élégant et souple il étalait toutes ses réactions sur la table du grand amphithéâtre, et comme on se pressait à ses leçons !

A mon examen de fin d'année la maladie qui devait emporter le professeur Richard l'affligeait déjà, lui très-brillant aussi, qui d'avance charmait son auditoire en transformant l'hémicycle en jardin, et ce fut Orfila qui le remplaça et en conséquence m'interrogea sur la botanique.

Il paraît que je marchais bien sur une jambe (organologie) et que je boîtais de l'autre (phytographie) : ce fut son compliment.

Et quand l'air redevint calme et l'onde paisible, nous larguâmes toutes les voiles et clopin-clopant, filant trois nœuds, nous terminâmes sans encombre ce trajet de huit jours.

Le 99ᵉ débarqua et fut dirigé sur la province de Constantine avec mon sergent que la dure existence des marches et des camps en pays tourmenté malmena physiquement et conduisit à la réforme. Vainement il lutta contre des accidents rhumatismaux qui finalement aboutirent à une hémiplégie incomplète ; et cette hémiplégie, avec laquelle il vécut d'assez longues années, je la cite parce qu'elle présentait cette particularité de rester sèche dans l'état de sueur.

Et tout de suite le *Phlégéthon* entreprit la réparation de sa machine, laquelle fut difficile et longue, le port d'Alger étant mal outillé pour forger une grosse pièce de fer.

Vous pensez que personnellement je ne fus pas fâché de ce nouveau cas fortuit et que j'en profitai largement.

J'avais là un ami d'enfance, Remi Trech. Nous étions nés porte à porte et avions polissonné ensemble à Tulle. Il était enthousiaste de sa résidence qu'il devait au départ de sa mère pour la colonie, dont il me fit tous les honneurs (pardon de l'expression !) avec un empressement charmant et où de fortes études et une imagination ardente lui créèrent rapidement une situation exceptionnelle.

Pour le noter, il possédait l'éloquence, ce don de l'âme dont La Bruyère a dit qu'il rend maître du cœur et de l'esprit d'autrui, au point qu'il avait de bonne heure attiré l'attention de l'illustre orateur, Jules Favre dont, pour cause de faible santé, il eut le chagrin de ne pouvoir accepter le soutien sur la grande scène de Paris.

Et par lui j'y avais trois autres amis dont l'intimité datait de nos débuts simultanés au quartier latin et s'était toujours accrue malgré la différence de nos ressources respectives et de notre existence matérielle.

Ils étaient tous les quatre licenciés en droit.

Je courus chez eux, à commencer par Trech chez qui je patoisai, surtout avec sa mère, très experte sage-femme qui me donna quelques leçons de sa compétence et fortement s'égaya au rappel de locutions limousines qu'elle avait oubliées.

Ils me reçurent à bras ouverts et pendant près de vingt jours nous nous grisâmes en repas communs, en spectacles, concerts et surtout en promenades : ce qui était d'autant plus facile que je n'avais pas grand'chose à faire et qu'eux-mêmes, débutants au palais, étaient des avocats sans cause.

Alger, dont la perspective maritime est si originale avec ses verts coteaux et dans le lointain les monts du Jurjura, n'était pas la grande cité embellie d'aujourd'hui ; son port était abrupt et sans quais, on y abordait sur les cailloux et on grimpait vilainement sur la place du Gouvernement.

Mais à part ces défectuosités c'était beau, même dans les ruelles plus ou moins voûtées, parce que c'était blanc et propre. Les quartiers bas, entièrement français, étaient ravissants avec leurs rues à arcades et leurs dégagements. Et l'animation y était extraordinaire, revêtant déjà le cachet cosmopolite des ports très-fréquentés.

Quant aux environs que je parcourus dans tous les sens (Saint-Eugène, le frais vallon, el Biar, Birmandreis, Birkadem, Koubah d'où l'œil s'étend sur la Mitidja, le chemin de la femme sauvage, le ruisseau, le jardin d'essai) ils étaient admirables.

Il est vrai que j'y étais juste dans la saison où tout est fleurs et parfums, où l'amande est mûre, où les blés sont hauts et les potagers plantureux. J'y observai particulièrement le palmier qui y prospère sans fructifier parce que la chaleur n'y est pas assez intense, et le figuier de Barbarie, cactus aux larges rameaux qui clôt les champs de ses plants épineux. Je mordis aux bananes, aux jujubes, aux dattes que je ne connaissais guère que de nom.

Bref, j'y dépensai ma vie en mille distractions qui devaient se compléter en novembre par une tournée absolument identique (avec Marseille en plus) : gros temps au départ, nouvelle relâche à Mahon et cinq autres jours à Alger ; et sur lesquelles j'éprouve une joie mélancolique à revenir en ce moment pour jeter des pelletées de terre sur les cercueils de mes amis.

O poignants souvenirs où ma pensée se berce ! pourquoi, après les périlleuses aventures d'une existence toute militaire, devais-je seul atteindre le repos ?

Et le *Phlégéthon* rallumait ses feux pour la Crimée en stoppant à Philippeville où chaque fois il embarquait des troupes.

Cette ville où il n'y a rien d'arabe, si ce n'est les Arabes mêmes, est le port de Constantine, lequel alors n'était pas directement abordable. On mouillait à Stora et l'on s'y rendait à pied par une longue et mauvaise corniche.

C'est là qu'au second passage j'achetai des arbouses, ces jolies baies rouges et mamelonnées qui ressemblent à la fraise et dont la saveur est douceâtre et sucrée. Dans les forêts de l'Edough, à Bône, ma chère et gracieuse Compagne et moi, nous devions, près de trente ans après, en cueillir sur l'arbuste même qui, pour notre étonnement, portait à la fois dans son vert feuillage ces fruits et de blanches corolles.

Et c'est de là que nous devions (1885) regagner définitivement la France par un vent impétueux et une mer bouleversée : à quoi je dois toujours des reproches amers.

## XV

### LA MÉDECINE A BORD

A m'entendre parler de tout, excepté de médecine, on serait tenté de croire que je n'y prenais qu'un médiocre intérêt, à la médecine. Que l'on se détrompe ! Jamais rien ne me tint plus au cœur. N'avais-je pas choisi spontanément la carrière pour laquelle j'avais une aptitude naturelle et, quand mon Oncle m'avait fait remarquer que ce serait bien difficile, ne l'avais-je pas assuré de mes dispositions à tout subir pour réussir ? Aussi j'y consacrai tout mon temps disponible et j'ose dire que, si je n'avais pas été talonné par de misérables questions matérielles, j'y aurais peut-être atteint quelque enviable sommet.

Oui, je l'avais choisie d'instinct cette carrière médicale, quoique les abords en soient abrupts et souvent repoussants et quoique les études soient longues et ardues. Ses débuts, disais-je, soulèvent des répugnances, ses difficultés exigent beaucoup de travail. Mais n'est-ce pas la profession par excellence ? N'est-elle pas pleine de merveilleuses connaissances, d'intéressants problèmes, d'espérances fondées et toutes les peines à l'acquérir ne sont-elles pas rachetées par les nobles résultats qui en découlent, par son caractère universel, par son indépendance au point de vue social ?

Toujours est-il qu'à bord je restais passionné pour l'étude. Ayant souvent vingt-quatre heures à dépenser par jour, puisque la santé y était généralement bonne, je cultivais la théorie avec les livres et je pratiquais avec les maladies courantes.

Dans l'armée, il y a les insipides corvées des marches, des cibles, des vaccinations, des revues, des visites, des inspections. Là pas grand'chose : deux pas à faire au moindre appel, une visite le matin, quelques préparations pharmaceutiques, de la petite chirurgie et c'était tout.

Aussi, quoique la vie en commun ne les rendît pas toujours faciles, les études théoriques avaient du bon temps, et la pratique journalière achevait l'apprentissage commencé dans les hôpitaux de Paris, apprentissage à propos duquel j'ai une maligne satisfaction à dire que l'Ecole ne s'en préoccupait pas.

J'en appelle à mes contemporains. Où de notre temps apprenait-on la médecine élémentaire? Où étaient la surveillance et le contrôle ?

La plupart des cours magistraux qu'on était libre de suivre ou de ne pas suivre, étaient de savantes et interminables élucubrations sur un unique sujet. A vouloir rester dans la simple moyenne on y perdait sa peine, à moins qu'on ne s'y pressât pour se délasser au débit éloquent des professeurs doués.

On fréquentait ou on ne fréquentait pas les amphithéâtres. Dans celui des hôpitaux dont je fus l'hôte assidu pendant plusieurs années, oncques ne vit le prosecteur qui en cabinet réservé travaillait pour son compte et celui d'élèves fortunés.

En deux mots l'étudiant était livré, abandonné à lui-même, à ses livres et à sa boîte de scalpels. Sa famille s'en rapportait à lui et à la note trimestrielle qui la prévenait officiellement que l'argent des inscriptions ou des examens n'était pas détourné de sa destination.

Pour y insister, est-ce qu'à la Faculté, dans ce temps qui sous ce rapport et bien d'autres ne mérite certes pas de louanges, quelqu'un m'initia à la saignée, à l'application d'un vésicatoire, d'un cautère, à l'extraction des dents, etc.? C'était au point qu'il était permis de revêtir la toge doctorale sans avoir fait œuvre de ses dix doigts (le stage dans les hôpitaux, quand on n'en était pas élève, pouvant être dérisoire).

C'était inconcevable : on avait le droit d'être très-savant et on avait aussi celui de ne pas savoir confectionner un cataplasme.

Quant à la pharmacie, qui n'est qu'une application spéciale des sciences réputées accessoires, elle était reléguée au dernier plan et apprise par à peu près et pour la forme. Les professeurs eux-mêmes avaient l'air de ne pas y attacher d'importance, on connaissait d'avance la série des bocaux et les réponses aux questions appropriées ; et sans peine, avec de la mémoire et quelque attention, on était sacré maître.

Eh bien ! la marine me valut d'acquérir une réelle force en toutes ces matières.

Je pratiquais les saignées qui étaient encore très-usitées et d'autant mieux ordonnées, suivant les anciens errements dont mon chef était imbu, que l'équipage était essentiellement composé d'hommes jeunes et vigoureux.

Les ventouses scarifiées avec le bistouri étaient la monnaie courante. Il n'était pour ainsi dire pas de jour où je n'eusse à larder quelques régions lombaires. Carottier ou non, le plaignant du mal de reins était sûr de son affaire. Un cataplasme au biscuit pilé et bouilli à point complétait l'opération et deux jours d'exemption en étaient la conséquence.

Pour les dents, c'était différent : cela se faisait par surcroît. Le patient, débarrassé, s'en revenait au travail.

Communément, c'étaient des incisions, des pansements.

Et ces occupations qui étaient faciles et promptes, laissaient beaucoup de loisirs.

Une fois, par un malheureux hasard, nous eûmes une amputation urgente.

Nous étions partis de Brest et nous voguions tranquillement par l'Océan pour gagner la Méditerranée. Le ciel était beau, les eaux prenaient des teintes bleuâtres et, sauf la houle qui soumet à des balancements incessants, tout allait à merveille.

Nous relevions au loin les caps de la péninsule Ibérique lorsque, sur le point de doubler celui de Saint-Vincent, un chauffeur se fit écraser le poignet droit par le piston de la machine, tellement que la main n'adhérait plus au bras que par des lambeaux latéraux. L'accident s'étant produit le soir et l'attrition ayant empêché toute hémorragie, nous nous contentâmes, séance tenante, de tamponner la plaie avec de l'étoupe goudronnée et nous remîmes au lendemain les affaires sérieuses.

Justement la brise se leva et la houle augmenta. Néanmoins nous nous installâmes dans le carré des officiers ; des taquets furent cloués sur le plancher, afin que nos pieds eussent des points d'appui fixes ; et avec l'aide de notre infirmier et de solides matelots (les officiers regardant par l'écoutille), nous procédâmes à l'amputation réglementaire de l'avant-bras, laquelle guérit très-rapidement.

Comme je trouvai bon dans cette occasion d'avoir mon anatomie et ma médecine opératoire et comme je me pénétrai de leur lecture !

Une autre fois (c'était dans l'Archipel) un brick hollandais, le pavillon en berne, faisait voile sur nous. On stoppa à quelques encâblures et le capitaine s'amena avec un doigt écrasé dont la plaie fut régularisée.

Nous eûmes le choléra dans la Baltique et en Crimée, le typhus en Crimée et cela me donna du mal, le choléra surtout avec ses cruels gémissements !

Des transports de malades et blessés de Crimée dans le Bosphore, de convalescents en France ou de Russes du Bosphore à Odessa, furent aussi la cause de tintoins considérables.

Au moment où je m'y attendais le moins, je fus un jour détaché sur un trois-mâts américain, le *Wile-Falcon* dans lequel avaient été empilés 462 infirmes dont 82 blessés, évacués de Kamiesch sur Constantinople, et je n'eus que le temps de me munir aux dépens du *Phlégéthon* de quelques flacons de médicaments indispensables et de quelques poignées de linge.

La traversée de l'embarquement au débarquement dura cinq jours, pendant lesquels je perdis cinq hommes que je fis jeter à la mer pour faire de la place aux autres (*haec adhuc mihi videntur misera, atque miseranda !*); et à l'arrivée je dus fournir un rapport.

Car, à propos de tout et de rien, le médecin militaire fournit des rapports dont la destination est souvent d'être enterrés sans les honneurs dus à leur sexe et à leur rang.

Dans le cas particulier, je déclarai que le faux-pont du *Wile-Falcon*, seulement éclairé par les écoutilles, avait constitué un gîte infect pour tant de malades et de blessés qui y avaient été littéralement entassés. Je déclarai aussi que le matériel thérapeutique avait été insuffisant et que j'avais été obligé de repanser des blessés avec leur pansement retourné.

Et un gros bonnet de l'intendance trouva mauvais que je fusse aussi explicite et je lui fis observer que je remplissais mon devoir.

Et l'entrevue se termina par cette phrase typique : « On fut bien plus malheureux dans la retraite de Russie ! »

Si je m'arrête à de pareilles relations, ce n'est pas pour le vain plaisir de faire plus ou moins ressortir ma modeste personnalité. Ma visée est plus haute : je démontre ainsi ce que doit être et valoir le médecin, et quel cas en certaines circonstances on fait de ses avis qu'on ne manque jamais de prendre pour n'en tenir que le compte que l'on veut.

Vous rédigez un rapport, vous essayez de lui donner une tournure agréable et même littéraire et vous croyez à quelque effet de votre œuvre. « Ah çà ! vous dit-on à l'occasion, est-ce que vous vous figurez qu'on les lit, vos rapports ? » Ou encore vous rendez compte de choses désagréables ou pénibles et, bien entendu, vous y mettez des formes. « Ne faites donc pas de semblables rapports, vous nous créeriez des embarras. »

Pour ces rapports, j'ai failli encourir l'excommunication majeure.

Un lieutenant-colonel m'accusa une fois d'avoir voulu le compromettre, parce que j'avais sans ambages affirmé que six kilomètres à l'heure dans une marche à pied c'était trop pour des gens bottés, et que du lard mis en consommation était affreusement détestable. Rien n'était plus vrai : j'assistais aux marches la montre à la main et les hommes jetaient le lard plutôt que de le manger.

Une autre fois une usine abandonnée et superficiellement nettoyée avait été choisie pour le casernement et, entr'autres réduits, il y en avait un, où l'on avait logé cinquante hommes et qui avait pour ouvertures une seule porte et par derrière une imposte communiquant avec une écurie pleine. Ce recoin ne tarda pas à être le siège d'un mal-être général.

J'avais fait à ce sujet des observations et j'en refis, lesquelles furent suivies du rapport obligatoire.

Et je m'en acquittai dans un tel libellé qu'un général, brillamment escorté, fut dépêché pour s'assurer *de visu* de l'état des lieux. Il me demanda en terminant sa visite (non sans m'avoir fait préalablement entendre qu'à écouter les médecins on n'en finirait pas) si je maintenais les termes de mon rapport ; et avec sa permission, je lui demandai à mon tour, à haute et intelligible voix si, ayant une meute, il l'hébergerait là. Il tourna les talons et le soir les hommes campèrent.

Sur quoi, pour en finir, ô vous qui m'écoutez, je reviens au *Phlégéthon* que je rejoignis à Odessa par la frégate à aubes le *Panama*, sur laquelle je passai dix agréables jours de far-niente.

Avant tout, je dois ajouter qu'à bord du *Wite-Falcon* j'avais été l'objet de mille prévenances. Avec le capitaine et à coups de dictionnaire je parlais moitié français, moitié anglais et, grâce à quelques notions personnelles de part et d'autre, nous nous comprenions.

La soupe à l'orge, force épices, le plum-pudding, le

brandy faisaient partie du menu ; celui en pain avait été augmenté pour moi qui n'aimais guère à le remplacer par des pommes de terre cuites dans leur jus. Et je buvais du Médoc, tandis que les boissons de table consistaient en thé, café et même chocolat, auxquelles je goûtais par curiosité, constatant qu'en mangeant ce n'était pas fameux.

J'avais une bonne couchette avec vue sur le large par une véritable fenêtre et, comme c'était dans l'été, l'utile moustiquaire : car le moustique, cette abominable engeance, nous suivait à la mer.

Le souci seul de mes malheureux soldats m'empêcha d'y être parfaitement heureux.

Et je mentionne à la mémoire du capitaine qu'il leur fut secourable, en mettant ses ressources à mon entière disposition, et qu'il était navré par l'immersion des morts. Avant de nous quitter à Constantinople, il voulut à toutes forces m'amener dîner chez son ami, le commandant du quatre-mâts américain, le *Great Republic* qui pour l'époque était une véritable attraction par ses dimensions hors ligne.

Le *Phlégéthon* avait une officine dont j'étais spécialement chargé et qui pour bouquiner était un coin privilégié : c'était en quelque sorte mon domaine privé. Dernière cabine à babord, elle était éclairée par un hublot et grande comme rien, juste pour me contenir avec beaucoup de drogues.

Dans la marine c'est comme dans l'armée : tous les cas sont prévus, même les impossibles et en conséquence toute la pharmacie y est représentée, parce qu'il est convenu que là, comme presque partout, il n'y a pas de médecine sans remèdes. Et de ces remèdes la nomenclature vous effraierait.

Seulement dans la marine, une fois aménagé dans des armoires vitrées à étagères trouées, l'arsenal thérapeutique se porte lui-même, il n'y a plus besoin de s'en occuper. Avec une tablette qui s'étire, avec le trébuchet, le mortier, etc., on peut s'y livrer, à l'abri et à l'aise, à toutes les manipulations.

Au début des études médicales on a du goût pour la drogue et on se plaît à l'expérimenter. J'étais donc bien placé pour l'étudier et je ne m'en faisais pas faute, ne demandant pas mieux que d'exécuter les prescriptions. Aussi je devins très fort en posologie et me trouvai ferré sur la matière quand je dus en faire la preuve.

Enfin il y avait de tout dans cette minuscule officine ; il y avait même des sangsues, à propos de quoi il faut que je conte une histoire.

Le commandant, tout habitué qu'il était à vivre sur la passerelle, attrapa une de ces conjonctivites aiguës qu'on appelle vulgairement un coup d'air et, en souffrant beaucoup, s'ordonna des sangsues qu'il m'invita à lui poser.

Mon chef direct, avec ses deux galons et son expérience, aurait dû remplir cet office ; mais il était grincheux, rechignant ; on n'avait avec lui, moi surtout, que des relations de service et de politesse banale. Et la corvée me revint ; n'en était-ce pas une ?

Il n'y a pas de petites choses en médecine et poser des sangsues n'est pas si simple que vous le supposez. Il m'est arrivé de le faire, comme médecin principal de l'armée, chez un officier supérieur où les femmes qui ne manquaient pas, en avaient une peur bleue.

Je me mis donc en devoir d'obéir et avec la plus scrupuleuse attention, après avoir pris toutes les précautions, j'accomplissais et surveillais mon travail sur les tempes de mon auguste malade étendu dans sa couchette du bord, lorsque je m'aperçus qu'une de ces méchantes petites bêtes m'avait échappé.

Vous dépeindre mon trouble serait inutile.

« Je sens que ça va bien, » disait le commandant. « Oui, ça va très-bien, » répliquais-je.

Les sangsues gonflaient à vue d'œil. Mais l'autre, la fugitive, où était-elle ? Sur la poitrine, sur les jambes ou ailleurs ? Hélas ! à quel subit éclat ne m'attendais-je pas ? lorsque, le commandant qui avait les yeux clos ne se doutant de rien, elle m'apparut grimpant le long de la muraille.

Avec quel soin je la cueillis et avec quel empressement je la réintégrai dans le bocal, vous le devinez.

Je me promis bien d'y faire dorénavant attention et je vous engage à en faire autant quand vous poserez des sangsues : ce qui, je le répète, n'est pas aussi simple qu'on le pense.

Et pour en conter une autre, une dernière et très-utile drogue me revient : c'est le cérat, l'antique cérat qui pour les pansements s'accommodait de toutes les sauces, qui se rancissait moins que la pommade et dont on avait des provisions, avant qu'il fût très-avantageusement détrôné par la découverte moderne de la glycérine et surtout celle toute récente de la vaseline.

Le nouveau commandant du *Phlégéthon* qui avait succédé au premier monté en grade, était un bel homme, bien planté, élégant et mondain. Il avait des bottes à l'écuyère et des culottes de peau et il s'en servait en Crimée pour souvent chevaucher vers le camp. Il prenait des ris, par les temps les plus sûrs, le soir, pour dormir sur les deux oreilles.

Et il avait un chien.

Ce chien était une de ces gentilles levrettes à pattes grêles qui semblent marcher sur des épingles, à poil gris-bleu et lisse, à museau pointu, à corps mince et toujours frissonnant que l'on capitonne.

Jusqu'alors nulle bête n'avait eu accès à bord.

Dès lors il y en eut d'autres : un hérisson qui soi-disant se nourrissait de cancrelats et me transit un soir en se glissant sournoisement dans le poste et trottinant sur mes pieds, tandis que j'étais attentif à une lecture médicale ; — une vache pour les supérieurs et les malades, — un paon qui fut recueilli à Kertch par la compagnie de débarquement dont j'étais le médecin, et servit de cadeau, quelque part, à Toulon, — et un autre chien, celui du commissaire.

Celui-ci était un mouton, bon enfant avec tout le monde, excepté avec le hérisson sur lequel il se piquait le nez et la levrette dont il ne pouvait pas sentir le paletot, au point qu'un jour il sauta dessus à si belles dents qu'un petit morceau de peau se détacha, laissant une plaie de dimensions notables.

Et je fus prié d'y remédier : ce qui ne fut pas une mince affaire, le sujet n'étant pas très-commode, défaisant le bandage, léchant le cérat simple, supportant difficilement le cérat composé.

Je vous disais bien que rien n'est petit en médecine. Je fus patient, caressant, je pansai et Dieu guérit, suivant Ambroise Paré.

Et je fus remercié par un de ces excellents dîners qui se gravent dans la mémoire et que je goûtai d'autant mieux que j'étais très-loin d'en être coutumier.

C'est à ce dîner où l'on se coudoyait, que je fis signe au maître d'hôtel d'enlever une carafe d'eau qui me gênait et que je me permis de dire au commandant qui s'en aperçut que son vin était trop bon pour être mouillé.

Et mes trois ou quatre verres s'espacèrent agréablement.

# XVI

## MER NOIRE

E fut dans la Mer Noire que le *Phlégéthon* eut la navigation la plus accidentée. A part une station d'avant-garde devant Sébastopol où l'on était toujours sous pression et prêt à démailler, on allait et venait sans presque reprendre haleine, évacuant des malades sur le Bosphore, ramenant des prisonniers russes à Odessa où on recevait des prisonniers français, transportant des ordres ou des personnages, remorquant des vaisseaux ou batteries flottantes, ravitaillant, guerroyant.

Ces missions variées nous conduisirent ainsi sur tout le littoral européen de cette mer et parfirent la série ininterrompue d'intéressants voyages.

Le point de ralliement était, à deux pas et au sud de Sébastopol, l'étroite et profonde baie de Kamiesch qui était toute pleine de notre marine et des bâtiments affrêtés par l'Etat.

Et naturellement il s'était immédiatement établi sur ses rives des hangars, des baraques, des boutiques, d'abord un village, ensuite un bourg, enfin une ville et tout ce qu'elle comporte. Le génie du commerce y avait élu domicile.

Là où auparavant il y avait à peine l'ombre d'une maison, se projetaient des lignes de cabanes à toutes fins dont la guerre, qui est la négation de toute exploitation commerciale, était le motif et le soutien.

L'industrie y étalait ses multiples ressources. Du marchand d'allumettes au marchand d'habits, du cordonnier au chapelier, du libraire à l'horloger, il n'y avait que quelques enjambées. On y trouvait tous les ingrédients. Les tabagies ne s'y comptaient plus, ainsi que les guinguettes, cafés et restaurants aux enseignes pompeuses de la Valeur, de la Gloire, de la Victoire, etc.

Dans la belle saison on y balayait le matin, on y arrosait le soir, on y barbotait par d'autres temps. Il y avait de tout et on y faisait de tout. Tous les appétits et toutes les nécessités y trouvaient ample satisfaction. O stupéfaction ! on y affichait des salons particuliers.

Et l'eau s'y serait vendue, si le sol n'en avait fourni à discrétion. C'est assez dire que les bourses insouciantes s'y vidaient à plaisir. A l'anniversaire d'un aspirant qui ne logeait pas le diable dans la sienne, nous sablâmes du champagne à quinze francs, s'il vous plaît, qui n'était autre qu'un petit vin blanc mousseux, pas du tout méchant.

A la fin, i y eut même un théâtre avec une scène très-suffisante, ces loges, un parquet passablement installés ; et le hasard voulut que le *Phlégéthon* fût présent à l'inauguration. Des musiciens choisis y formaient un excellent orchestre et comme les actrices étaient rares, on y jouait surtout des pièces à hommes.

La représentation de certains vaudevilles y atteignait la perfection, vaudevilles à gracieuses ingénuités, à spirituel. les malices, comme on n'en fait plus ou plutôt comme on ne les aime plus. Encore une belle chose qui s'en est allée où vont les veilles lunes !

Plus tard, à Paris, j'assistai à cette exhilarante farce qui s'appelle les *Deux aveugles* ; je vous certifie que son effet y fut moindre qu'au théâtre de Kamiesch.

Et dans cette ville de bois où il ne manqua qu'un clocheton, s'enrecroisaient (inimaginable imbroglio !) des officiers, des soldats, des marins, des pékins de toutes sortes.

Les alentours étaient partout battus comme l'aire d'une grange. Au retour des tièdes brises pas une feuille, pas une fleur, rien qui redit le renouveau, sinon la longueur du jour et la disparition des frimas. Jadis des vignes, des

moissons et des arbres fruitiers y récréaient le regard :
maintenant c'était le saisissant aspect de tentes innom-
brables sur la terre nue que foulait l'incessant va-et-vient
des bêtes et des gens transportant vivres, canons et munitions.

Ce fut une agitation unique dans son genre, à laquelle je
participai par de fréquentes sorties et qui rompit fiévreu-
sement la fatigante monotonie de notre existence sur quelques mètres de planches.

Les autres escales de la Mer Noire nous reposaient de
celle de Kamiesch.

Dans la direction d'Eupatoria on remarquait l'embouchure de l'Alma (un joli nom pour une belle victoire), la
plage où débarquèrent nos troupes en septembre 1854 et
les coteaux qu'elles escaladèrent pour vaincre Menschikoff
qui, n'en revenant pas, les accusa d'ivresse ou de folie.

Hélas ! comme nous étions rassis quelque seize ans
après.

A Eupatoria, située à la pointe occidentale de la Crimée,
le rivage bas et sablonneux était encombré par les épaves
d'une tempête et, parmi ces épaves, un de nos vaisseaux à
voiles, le *Henri IV*, avait réussi en chassant sur ses ancres
à s'ensabler par le flanc de façon à servir au besoin de
forteresse. A le voir enfoui jusqu'à la ligne de flottaison,
on se demandait par quel épouvantable soulèvement les
lames avaient pu produire un pareil résultat, et on s'effra-
yait à l'idée de la catastrophe si la côte avait été de roches
au lieu d'être de sable.

La ville, relativement importante par son port de commerce, est plate et entourée de remparts de terre, excepté
à l'Est où un étang salé lui constitue une barrière naturelle.
Elle présente deux quartiers très-distincts, le Russe et le
Tartare, le conquérant et le conquis.

Les établissements russes, casernes, hôpital, édifices,
maisons particulières que les Turcs occupaient n'avaient
rien que de très-ordinaire.

Au contraire, les Tartares étaient curieux à voir dans leurs huttes en pisé parmi lesquelles ressortaient de rares maisonnettes en pierre. Ces huttes, adossées les unes aux autres, s'alignaient plus ou moins le long de ruelles pleines de poussière ou de boue suivant le temps, exactement comme chez les Arabes du désert. Elles étaient à quatre pans percés d'étroites ouvertures et leur toiture était en tuiles.

Dans l'intérieur enfumé un foyer au milieu du sol, des nattes pour s'asseoir ou dormir, des ustensiles primitifs, un air nauséabond et, comme au siècle de Gengis-Khan, des gens simples, naturels et tellement éloignés de notre civilisation malgré le contact permanent de leurs maîtres, que les Alandais de la Baltique me revenant à la mémoire, me parurent des raffinés.

Du reste le Tartare qui n'est pas beau à cause de sa face carrée et de ses pommettes saillantes, est grand et robuste : cela tient à la race dont évidemment les membres se sélectionnent en grandissant. Nos indigènes de l'Algérie fournissent un exemple frappant de cette loi commune aux peuples arriérés, chez lesquels s'étiole et meurt qui naît frêle et chétif, tandis qu'est superbe et plein de vie qui parvient à l'âge mûr.

Et si l'Arabe est fier sous son turban et dans son grand burnous, le Tartare a de la tenue sous sa vaste houppelande sans taille et sans plis avec sa calotte à fourrure crépue et ses hautes bottes prenant le pantalon.

Sa femme, vêtue d'une robe ajustée, tresse la totalité de ses cheveux qui tombent en nombreuses nattes sur le cou et les épaules. Par le vent et de loin on dirait les serpents d'une méduse s'agitant pêle-mêle. La coiffure est un petit bonnet plat avec un voile flottant en arrière.

Je vis les enfants réunis sur une place où ils étaient assis par terre sur deux rangs et en rond. Au milieu d'eux, un homme d'un certain âge récitait et faisait répéter des leçons sans doute religieuses. Et ils semblaient d'autant plus attentifs qu'ils étaient regardés par des étrangers sympathi-

ques. Ne nous battions-nous pas pour leurs coreligion-
naires ?

Les environs d'Eupatoria, plats à perte de vue, étaient
près des murs, couverts de Turcs campés dont le généra-
lissime, Omer-Pacha, se fit transporter un jour à Kamiesch
et à cette occasion fut, en embarquant et en débarquant,
salué de dix-neuf coups de canon, comme si la poudre
ne coûtait rien.

Plus au nord, en croisant à l'embouchure du Bug et du
Dniéper, le *Phlégéthon* s'offrit à plusieurs reprises les loisirs du mouillage aux îles de Bérézan et de Tendra. C'était
dans la belle saison ; le soir, à l'air libre, sous les étoiles
perdues dans l'immensité du ciel, nous glissions doucement
sur les eaux endormies.

Bérézan est un îlot dont les seuls habitants sont deux
grosses espèces d'oiseaux palmipèdes, le goëland blanc et
le cormoran noir, également friands des choses de la mer.

Les goëlands dont les cris finissent par devenir impor-
tuns, tournoyaient autour du navire et plongeaient verti-
calement dans l'eau pour en saisir les déchets.

Ils sont réputés immangeables. Néanmoins, dans un jour
de famine générale, les habiles en tuèrent quelques-uns à
coups de carabine et on en prit quelques autres avec un
appât fixé au bout d'une ficelle. Ceux-là, pauvres bêtes !
étaient ensuite halés à bord malgré la résistance de leurs
longues ailes déployées.

Et, assaisonnés à cinq sauces différentes, ils ne laissèrent
pas que d'être très-appréciés. C'était le jour des Rois (mon
anniversaire) sur les glaces de Kinburn ; le carré des officiers et le poste des aspirants fraternisaient à table. Il y
eut même comme dessert un gâteau de biscuit pilé, de
farine, de cassonnade et de tafia avec deux gourganes qui,
par une bizarre coïncidence, échurent aux deux médecins.

Les cormorans qui ne se dérangeaient guère à notre
approche, s'envolaient horizontalement à la pêche et nous
étonnaient par la longueur et la rapidité de leur trajet sous-

marin. Ils avaient à terre des nids ressemblant à des paniers cylindriques et pleins, faits de brindilles et de mortier et groupés en colonies avec rues et carrefours.

Tendra, couverte de hautes herbes et par places de sables mouvants, doit certainement sa formation à des alluvions fluviales ; elle dépasse à peine le niveau de la mer, contrastant ainsi doublement avec Bérézan, dont les berges sont à pic et qui paraît avoir été séparé du continent par la force des courants.

Cette île possédait quelques arbres qui nous abritèrent contre les pesantes ardeurs de la canicule, quelque gibier pour les amateurs de chasse (perdrix, alouettes, bécasses, un héron), beaucoup de mouches que l'extrême propreté du navire n'empêchait pas de nous envahir désagréablement, des myriades de moustiques que l'on retrouve partout où il y a de la chaleur et des mares, et qui m'auraient dévisagé, si je leur en avais donné la permission. Les scélérats ! ils nous piquaient à travers le coutil.

La grève est composée de petits coquillages bivalves rayonnés et les eaux abondent en mulets, plies, raies, moules, crabes, que nos matelots ramenaient avec la senne au ravissement des estomacs.

On pêchait également au large de la baie de Kamiesch (les matelots pêchent partout où ils le peuvent) et, si j'en parle, c'est parce qu'ils en rapportaient des raies si colossales qu'une seule suffisait dans un repas de l'équipage.

Il y avait aussi à Tendra un joli phare du haut duquel on apercevait les maisons blanches d'Otchakoff et les bancs à fleur d'eau qui la relient à la terre ferme. En certains points de ces bancs étaient des arbres qui à une certaine distance semblaient suspendus entre la mer et le ciel : spectacle qui s'était présenté sur les côtes du Danemark et du Mecklembourg.

Entre ces îles et Odessa, le parcours, souvent renouvelé dans les deux sens, était facile et calme le long de falaises terreuses et nues que l'on serrait de près.

La ville d'Odessa offrait une bien belle perspective. On

s'y arrêtait en bonne vue et on admirait son port, ses édifices, ses quais ombragés et ses riches maisons. C'était là que nous procédions à l'échange des prisonniers, échange amicalement correct, et que nous partagions la joie de leur délivrance.

Les Russes l'exprimaient par un signe de croix et par des souhaits de bénédiction divine. Il est vrai que nous avions pour eux tous les égards dûs aux souffrants, et ils nous remerciaient ainsi d'être traités en hommes, eux, les simples, attachés à la glèbe et ne connaissant probablement de la vie que les fatigues et les misères.

Quelle différence avec nos soldats qui sautaient à bord en poussant des cris d'allégresse ! « Nous sommes chez nous », disaient-ils, et leurs transports éloquents prouvaient assez qu'ils venaient d'un pays malheureux aux petits, barbare et inhospitalier.

Un capitaine de navire portugais, jeté à la côte par la tempête et depuis de longs mois prisonnier, s'aplatit sur le pont qu'il baisait ardemment.

Les temps ont bien changé, ainsi que les rapports de deux peuples qui, se battant sans haine, se donnaient même alors la main pendant les armistices. Aux préliminaires de la paix n'allions-nous pas déjà les uns chez les autres et, faisant réciproquement assaut de généreux sentiments, chacun ne chantait-il pas *in petto* ? Vivent nos amis, les ennemis !

Ils étaient beaux, ces officiers Russes, avec leur grande capote grise et leur casquette plate, qui venaient à Kamiesch comme chez eux et, à ma naïve surprise, parlaient admirablement notre langue. Ils y achetèrent tous nos livres courants et tous nos feuilletons.

En mai 1856 le *Phlégéthon* s'en alla en ravitaillement à Varna, port principal de la Bulgarie où nous restâmes huit jours. Près d'atterrir nous tombâmes dans une brume épaisse, et nous faillîmes nous échouer au cap Kalagriah. On mouilla pour la laisser se dissiper, puis on doubla le cap et l'on aperçut sur le flanc d'une haute colline Baltehik, où avaient stationné notre marine et nos troupes avant d'aller vaincre à l'Alma.

Nous cotoyâmes ensuite un littoral aux sites variés et nous jetâmes l'ancre au fond du golfe, près de la ville coquettement assise en face de la mer et se détachant merveilleusement avec ses toits rouges et ses minarets sur des massifs de verdure.

Malheureusement le Turc, alors dominateur, est le même partout et, pour le répéter à satiété, ce n'est que de loin qu'il faut le regarder. Varna n'était en effet qu'un amas de cahutes séparées par des corridors tortueux et malpropres. Pas de pavés, des fondrières, et la nuit pas de lumières. Les ruines provenant de l'incendie qui avait deux ans auparavant dévoré les bas quartiers, étaient intactes.

Mais la campagne, c'est-à-dire la nature, était ravissante, d'autant plus que depuis longtemps nous n'avions vu des prairies, des bois et une aussi belle vallée que celle qui s'étend le long des rives d'un lac voisin, où entre parenthèses les tortues n'étaient pas rares. Les arbres couvraient les collines et couronnaient les sommets.

Et rien n'était plus doux à l'œil que ce paysage lorsque le soleil descendait, teintant l'horizon de pourpre et d'or, derrière les futaies qu'il faisait plus noires. Et quelle délicieuse revanche du plateau de Chersonèse et des côtes sablonneuses de la Basse-Russie !

Ce qu'il y eut d'original, c'est qu'au retour, chargés de deux cents bœufs et remorquant trois énormes chalands, nous fûmes assaillis par un orage qui nous força à mouiller de nouveau au cap Kalagriah et à y passer la nuit.

Dans une traversée sur Constantinople une fausse manœuvre nocturne nous porta au nord du Bosphore et nous fit connaître une longue partie du rivage Roumélien qui, longé à faible distance, fut l'objet d'une agréable distraction.

Entre temps, j'avais reçu la nouvelle d'un voyage de mon frère au pays natal. Le plaisir que je goûtai dans les champs de Varna et celui que j'éprouve actuellement en songeant aux jours enfuis, expliqueront et excuseront la transcription de quelques lignes de ma réponse.

« ... Louis a revu Tulle, notre limpide Corrèze, notre flèche élancée, notre rue de la Barrière au pavé si rude et le logis modeste qui nous abrita tous... Et il a revu Saint-Sylvain. Quel bien-être il a dû ressentir à respirer l'air pur de ses montagnes ! Comme la vallée a dû lui sembler belle et ses vignobles pleins de souvenirs captivants ! Il y aura certainement, grâce à son fonds d'inépuisable gaîté, trouvé l'oubli momentané des sujets de tristesse...

« ... Je ne vous demande pas, mon Oncle, combien vous avez été heureux d'embrasser mon frère, de le choyer, de lui faire raconter dans l'allée du jardin aux fraîches bordures ces mille et mille choses qu'accumulent les longues absences...

« ... Et lui ! quel n'a pas été son bonheur ? Peut-il en être un plus grand pour nous que de retourner dans ce presbytère au toit de chaume, où l'affection la plus tendre réserve la plus riche hospitalité, celle du cœur... »

Et si, amis lecteurs, ces détails vous paraissent oiseux, ne leur prêtez que l'attention qu'ils méritent, sans toutefois leur appliquer le *non erat hic locus*.

# XVII

*VARIA ET CURIOSA*

JE réunis sous ce titre quelques faits extraordinaires qui eurent la Mer Noire pour théâtre et dont je fus le témoin ou le principal acteur.

Ayant la constante habitude de ne pas perdre l'occasion d'un spectacle quelconque, je sortais tant que je pouvais et souvent seul, soit que mes compagnons fussent occupés, soit qu'ils préférassent faire la sieste.

Et il advint ainsi que moi, observateur solitaire, je fus pris pour un espion.

J'étais descendu à terre par la rade où le *Phlégéthon* était en sentinelle, et je m'étais dirigé sur une batterie de mortiers bombardant les défenses maritimes de Sébastopol. Blotti derrière un monticule, j'assistai au tir tranquillement et sans danger, lorsque je fus rencontré par une patrouille qui m'empoigna et voulut me conduire à une chefferie. Mes vives protestations dont la sincérité devait éclater sur ma mine, me firent obtenir d'être amené jusqu'au canot où je fus relâché.

C'est égal : cette méprise me vexa et je la gardai sur le cœur ! ce qui ne m'empêcha pas d'en être de rechef l'objet quelques mois après.

A noter que, tandis que je regagnais le rivage avec les quatre hommes et le caporal, une bombe du fort Constantin qui répondait coup pour coup à notre batterie, tomba dans notre voisinage et que, d'un commun accord et sans nous faire prier, nous nous étendîmes à plat ventre pour en éviter les éclats.

Cela se passait dans le mois de juillet 1855 lequel, par une concordance singulière, fut fertile en événements.

Je changeai de chef direct, ce qui n'était pas insignifiant et à propos de quoi je disais : comparez les deux noms dont la différence est celle de leur humeur.

Ne semble-t-il pas qu'il y ait dans le premier des nuages, de la pluie et du vent ? Il s'appelait Golfier et pardonnez-moi de répéter qu'il n'était pas le mien. Maladif, pincé et acerbe, on se heurtait chez lui à une rigidité d'allures qui glaçait.

Le second au visage agréable, au commerce facile, établit le trait d'union entre le carré et le poste. C'était un Roger-bon-temps dont le nom avait une douce résonnance : Amouretti. J'eus avec lui toutes les libertés compatibles avec le service et j'en usai largement.

Un autre fait, d'importance plus grande à un point de vue général, fut la mort du commandant en chef des forces anglaises, lord Raglan, dont les imposantes funérailles me frappèrent vivement.

Le deuil conduit par Pélissier, notre commandant en chef et un nombreux état-major d'Anglais, Français, Italiens et Turcs, le cercueil drapé du pavillon national et porté sur une pièce d'artillerie, des escadrons des quatre armées précédant et suivant le cortège, les diverses troupes formant la haie, les tambours battant aux champs, les musiques envoyant aux échos de lugubres accords et les canons jetant au vent des nuages de poudre, quel saisissant spectacle au milieu des camps sur la terre ennemie !

Mais des accidents ou des phénomènes autrement sérieux redoublèrent ma curiosité.

Le 11 juillet nous étions partis pour Constantinople avec des malades et blessés et nous naviguions à toute vapeur sur des eaux majestueusement tranquilles lorsqu'à minuit, l'heure des crimes (j'étais sur le pont auprès d'un agonisant !), un cri strident fut poussé par la vigie du gaillard d'avant et presque immédiatement suivi d'un craquement formidable.

« Holà ! un navire ! machine, stop ! en arrière ! »

Baste ! l'erre était trop forte et un brick (Italien) était embroché par le *Phlégéthon*, ses mâts s'abattaient écrasant des moutons dont il était chargé, sa proue était défoncée et notre beaupré brisé.

Il y eut, vous le pensez bien, un moment d'épouvante, surtout à bord du brick dont l'équipage, grâce à l'enchevêtrement réciproque des cordages, sauta sur notre pont avec la prestesse qui caractérise les marins. Le capitaine, croyant à un naufrage, avait eu l'esprit et le temps d'empocher ses écus et, dans son empressement à se sauver, il les semait sur le *Phlégéthon*.

Par une chance inespérée personne ne fut blessé et la Faculté en fut quitte pour la peur.

Après avoir constaté qu'il n'y avait pas de voie d'eau, on travailla avec des falots à se décrocher et on y eut de la peine. Puis le jour venu, le malheureux bateau, ras comme un ponton, fut pris à la remorque et ramené à la Corne d'Or où nos propres réparations exigèrent un certain séjour : ce qui ne fut pas pour me déplaire.

Ensuite, et suivant l'habitude de cette période d'évolutions, nous nous dirigeâmes sur Odessa avec des prisonniers Russes dont un fut débarqué à Beïkos pour cause de choléra : car cet affreux fléau nous malmenait alors, ainsi que le typhus et, chose étonnante ! on n'avait pas l'air de s'en inquiéter. Il est vrai qu'en ce qui nous concernait, nous avions l'avantage de nous rasséréner au large.

Dans une belle après-midi de cette traversée, après avoir passé l'île des Serpents aux bouches du Danube, l'horizon clair et bleu se teinta tout d'un coup dans le Nord d'une ligne grise qui s'avança en s'épaississant, se fonçant et devenant presque noire, au point que le soleil couchant en fut obscurci.

Ce n'était rien moins que naturel, par une forte brise soufflant de la Basse-Russie.

Notre pilote, robuste et flambant palikare avec qui j'essayais d'entretenir des relations dans la langue d'Homère, répondit sans hésiter à une interrogation sur ce nuage incompris, que cela ne pouvait être que des sauterelles.

Et en effet l'avant-garde d'une véritable nuée qui nous fit comprendre une des plaies d'Egypte, ne se fit pas attendre. Quelques sujets isolés, longs et gros comme le petit doigt, commencèrent à s'égrener sur le pont en se heurtant aux agrès ou à se laisser choir à la mer qu'ils tachaient de points verts. Puis ils devinrent plus nombreux et enfin en masses si serrées que nous en fûmes couverts et que la mer ressembla à une immense mare.

Et ce que je raconte est à la lettre. Et cela dura jusqu'au soir en disparaissant peu à peu avec de nouvelles teintes grises dans l'horizon opposé.

Pourquoi cet exode ? Evidemment pour la recherche d'autres plaines à ravager ; et la preuve, c'est que ces vilaines bêtes volaient dans le vent contre lequel elles luttaient en vain et qui par un heureux hasard les jetait épuisées en pâture aux poissons.


Alors c'était l'été qui se distinguait par d'intolérables coups de chaleur.

Aux îles Bérézan et Tendra nous fûmes maintes fois étouffés par 37 degrés à l'ombre. Sous la tente au mouillage, le jour, on haletait et en marche, s'il n'y avait pas de vent, la machine augmentait la fournaise.

Il ne faisait pas bon, la nuit, dans le poste qui restait surchauffé et, pour respirer quelque fraîcheur, on s'attardait volontiers sur les coffres de la timonnerie.

Inversement, l'hiver avait des rigueurs incroyables, étant donnée la latitude qui est celle de la France. Elles s'expliquent sans doute par l'immensité des plates contrées qui s'étendent au nord de la mer Noire et par le grand éloignement de l'Océan qui réchauffe nos côtes.

J'y ai vu neiger en flocons si gros et si drus que la surface de l'eau était comme une bouillie. Et j'y ai vu ce que je vais vous dire.

Par un froid piquant et cinglant qui à l'ouverture de la porte condensait en un givre très-fin la vapeur atmosphérique du poste, nous fîmes sur Kinburn deux voyages (les 15 et 30 décembre 1855) dont le second fut remarquable.

Le *Phlégéthon* y portait des troupes et des vivres, et en dernier lieu un général dont, à quinze ans ans de là, le maréchalat devait tristement s'illustrer par les légendaires boutons de guêtre.

Le thermomètre qui au premier de ces deux voyages était descendu à —27°, atteignit au second le point maximum du mercure cessant d'être liquide, c'est-à-dire — 36°. Nous ne savions plus comment nous réchauffer ; nous faisions feu, c'est le mot, de tout notre vestiaire, et même nous brûlions du tafia dans notre soupière de fer battu que nous transformions ainsi en calorifère.

Le navire était tout blanc de la ligne de flottaison à la pomme des mâts ; les cordages, triplés de grosseur par le givre, brillaient comme du cristal et, si la sauvage beauté de semblables frimas nous plongeait dans l'admiration, c'était avec des frissons par tout le corps et des glaçons dans la barbe.

Bref, notre hélice n'en tournait pas moins vite, lorsqu'en vue d'Odessa, nous trouvâmes la mer gelée.

La couche de glace, d'abord très-mince, craquait devant le navire en se brisant et s'émiettant. Sa consistance, au fur et à mesure que nous avancions, devint de plus en plus forte. Bientôt elle s'accrut au point de résister sérieusement et d'inspirer des doutes sur la force de la machine. Et le commandant jugea opportun de stopper.

On était à l'heure du déjeuner, et on déjeuna. C'était une manière de reprendre haleine et de réfléchir. Une heure après, sur les hésitations du commandant, le général qui allait inspecter notre situation devant Otchakoff, donna l'ordre de partir.

Et ce fut un grand spectacle.

Comme à chaque événement important, nous étions tous sur le pont malgré un froid terrible, et les quais d'Odessa étaient pleins de curieux évidemment intrigués par cette étrangeté.

Il est bien entendu que les quatre chaudières flambaient et que les quatre cents chevaux étaient prêts.

« Machine en avant ! » et la coque, poussée à toute vitesse, se trémoussa un moment sur place comme pour se donner de l'élan. Puis elle entama l'obstacle et se mit à creuser sa route... lentement, très lentement.

A l'avant, la glace était littéralement sciée par un mouvement de va-et-vient dans le sens vertical, tandis que les flancs la refoulaient en l'écrasant. Par instants un éclat se produisait : c'était une cassure sinueuse qui s'étendait plus ou moins loin. A l'arrière, le sillage dessinait l'élégante courbe d'une rivière dont le fond verdâtre contrastait avec l'éclatante blancheur de la plaine liquide solidifiée. Notre long panache de fumée noire complétait le tableau.

Et c'est ainsi qu'en s'essoufflant à mordre dans la glace de plus en plus épaisse, en perdant son doublage et usant son étrave, le *Phlégéthon* parvint avant la nuit devant le fort de Kinburn.

Une première et une deuxième ancre furent mouillées, mais restèrent sur la glace sans l'entamer. A la débâcle on en mouilla deux autres pour lutter efficacement contre le choc des banquises.

En attendant, nous visitâmes la grosse forteresse qui était destinée à défendre l'embouchure du Dniéper et qui, quelques semaines auparavant, avait été prise presque sans coup férir. Les parapets et ses fossés n'avaient subi aucun dommage, ainsi que ses casemates dont l'odeur russe était pénétrante.

Le Dniéper, avant de se jeter dans la mer Noire, s'étale en un vaste étang, le lac Léman, où notre flotille, bloquée par les glaces, s'était embossée de façon à battre tous les points de l'horizon. Néanmoins comme un coup d'audace aurait pu renouveler l'exploit des hussards de la Convention Nationale, courant au galop sur le Zuyderzée et s'emparant de la flotte hollandaise, chaque bateau se défendait non-seulement par des chevaux de frise contournant les bastingages et des grappes de biscaïens suspendus entre les vergues et prêts à tomber sur les assaillants, mais encore par des tranchées creusées dans la glace, dont les blocs rejetés en dehors servaient de remparts.

Et naturellement j'y allai voir, quoique le temps ne fût guère engageant. Je circulai partout, fortement encapuchonné et je m'en retournais tranquillement quand, mes allures d'observateur solitaire ayant paru suspectes, je fus accosté par un matelot armé d'une hache, qui m'arrêta résolument. Le lieutenant de vaisseau qui surveillait les travaux de défense, s'était tout à coup avisé que je pouvais être un espion, et il me l'avait expédié avec l'ordre de m'emmener.

Diable ! cela ne faisait pas mon affaire de revenir sur mes pas, surtout par un air glacial à être morfondu et je parlementai en exhibant mon velours galonné, en crayonnant sur un chiffon de papier mes noms, titres et qualités et en montrant là-bas, à deux kilomètres, le *Phlégéthon* où m'attendait la soupe, cet excellent aliment pour lequel partout et surtout en famille j'ai conservé un goût très-prononcé.

Toutes ces explications ne rassurèrent qu'à moitié mon matelot qui consentit cependant à m'accompagner, et ne se rendit à l'évidence qu'en m'entendant héler par les camarades. Et quoiqu'il n'eût rempli que son devoir, il se confondit en excuses.

Et c'était ma seconde aventure du même genre, aventure qui certainement né m'était pas uniquement personnelle !

Passer pour un espion et nous étions vainqueurs ! Il faut donc croire que c'est naturel en guerre et qu'il n'appartient pas seulement aux vaincus de craindre les embûches. Car nous, les anciens, qui avons participé à l'obscurcissement de nos gloires, avons-nous assez fait la maladive expérience de cette tendance à se défier de tout et de rien ?

A ce propos, je commis la maladresse d'écrire longuement à mes Parents et à mon Oncle, sans préjuger la pénible impression qui en résulterait et je reçus de part et d'autre une sérieuse semonce que ma sagesse accepta... avec correction.

« ... Soyez tranquille, disais-je à mon Oncle, jamais par curiosité, encore moins par bravade, je ne m'exposerai à subir quelque atteinte fâcheuse : jamais je ne me précipiterai, tête baissée, dans un mauvais pas. Ce serait le propre d'une insouciance incompréhensible et révoltante ou d'une stupide témérité, et j'y oublierais tous mes devoirs.

« Si quelquefois j'ai erré au hasard, la prudence a toujours marqué la limite où je devais m'arrêter et je ne l'ai pas dépassée. J'aime bien à courir, à observer, à contempler ; mais je n'aime pas, croyez-le, les balles et les baïonnettes et cette répulsion aussi instinctive que réfléchie, vous est une garantie contre les dangers inutiles. C'est bien assez de la guerre, de la mer et des maladies.

« Comptez donc sur moi. Voulant vivre pour ma famille, je ne provoquerai aucun prétexte de faillir à mes intentions. Du reste, mon avenir vous appartient, et je dois y veiller d'autant plus que je le présage heureux... »

Et à mes Parents :

« ... Comme vous partagez ces craintes, je vous dirai, ainsi qu'à mon Oncle, que je ne me suis jamais exposé et ne m'exposerai jamais à un danger réel hors du service. Les périls auxquels vous me croyez en butte, sont des fantômes que votre imagination inquiète mesure à la distance qui nous sépare...

« Vous savez que mes goûts ne sont pas de nature à me pousser dans les mauvaises aventures et que je ne marche pas à l'étourdie...

« ...Vous m'êtes trop chers pour que je ne pense pas à vous dans toutes mes actions et pour que je compromette mon existence, quand je reste mon maître... »

Et j'ajoutais au sujet des préliminaires de paix qui traînaient en longueur :

« Je frémis en songeant que douze hommes tiennent en leurs mains les destinées de l'Europe. Que sortira-t-il de la toge de ces modernes Fabius ? »

Et le *Phlégéthon* revint avec le général à Kamiesch, après avoir retiré du lac Léman quelques-uns de nos lourds navires et s'y être, ô ironie du sort ! échoué lui-même en s'enlizant dans les sables, d'où il ne se dépêtra qu'en amassant sur l'arrière les canons et les munitions.

Nous devions y retourner avant la fin de l'hiver pour remorquer des canonnières et y revoir le Dniéper charrier d'énormes glaçons, et encore pour y apporter la nouvelle d'une auguste naissance et enfin celle de la conclusion de la paix. Dans ces dernières occasions, notre tympan manqua d'être brisé par les multiples salves.

Sur quoi, si je m'écoutais, je raconterais comment par une belle après-midi de ce temps-là, tandis qu'on était au repos et qu'on ne s'attendait à rien, l'amiral s'avisant qu'à la faveur de ses travaux obsédants les moustaches avaient poussé toutes seules, signala de les tondre. Voilà bien de tes coups, télégraphe inconscient !

Et, pour quelques mois encore, je fis mon deuil de cet ornement naturel, cher aux guerriers et à ma personne !

# XVIII

## KERTCH — IÉNIKALEH

**L**ES opérations de guerre pendant le siège de Sébastopol n'eurent qu'une médiocre importance, les Russes ayant concentré tous leurs efforts sur ce point et abandonnant les autres à la moindre menace.

C'était pour ceux qui y étaient employés une diversion d'autant plus distrayante qu'elle n'était nullement meurtrière et qu'on y respirait un air nouveau.

Kertch et Iénikaleh, ville et forteresse situées à la pointe Est de la Crimée, furent sous ce rapport la répétition de ce qui s'était passé dans la Baltique après Bomarsund (mai 1855).

L'escadre partit une première fois pour cette destination avec une division.

On s'en allait doucement, le long de côtes grisâtres, hautes et escarpées, et l'on avait dès le début coupé une brume tellement épaisse qu'on avait été forcé de marcher avec une extrême lenteur et, afin d'éviter des chocs, d'user de tous les moyens bruyants, cloches, clairons, tambours, pour se maintenir mutuellement à respectueuse distance, quand par un contre-ordre qui fut pour les vaillants une déconfiture, on rebroussa chemin. N'étant pas dans le secret des Dieux, je me résignai avec beaucoup d'autres sans me douter que ce n'était que partie remise.

Quinze jours après en effet l'escadre réembarquait des troupes (18.000 hommes) et cette fois sérieusement reprenait la route de l'Est, le *Phlégéthon* remorquant le *Monte-*

*bello*, vaisseau amiral. C'était par une splendide soirée, une lune bien claire, une mer bien calme, tandis qu'une vive canonnade illuminait Sébastopol et nos tranchées (22 mai).

Le surlendemain les petits vapeurs, les corvettes et frégates chargées de troupes et de chevaux et remorquant des chalands pareillement chargés, pénétrèrent dans la baie de Kamuich séparée par un promontoire de celle de Kertch et canonnèrent le rivage pour sonder le terrain. L'écho seul répondit : pas d'habitants, pas de soldats. On débarqua sur la plage au-dessous d'un escarpement que les Français escaladèrent et on s'empara des maisons qui en couronnaient la hauteur. Puis on se forma en bataille et on déploya des tirailleurs. Une escouade de Cosaques parut et disparut et ce fut tout sans un coup de fusil.

Toutefois les Russes firent sauter successivement leurs batteries du cap et celles du rivage opposé, et incendièrent deux villages voisins de Kertch, les établissements de cette ville et trois vapeurs échoués, conformément à cette tactique célèbre et toujours cultivée qui quarante ans avant avait détruit Moscou.

Ce même jour le *Phlégéthon* s'avança sous les remparts d'Iénikaleh. La nuit vint, les incendies éclairaient l'espace et se reflétaient dans la mer. On était impatient de mêler à ces tristes lueurs celles du bombardement. Tout à coup, je ne puis me le rappeler sans tressaillir, deux explosions telles qu'oreilles humaines n'en entendront jamais de plus fortes, ébranlèrent la nature entière et nous firent tressauter. Des gerbes de feu s'élevèrent dans les airs et un nuage de poudre couvrit le ciel. Tout Iénikaleh s'enflamma, un roulement sourd d'éclats d'obus se répercuta jusqu'à nous *et omne consummatum est !*

Et quand les troupes traversèrent Kertch et allèrent camper autour d'Iénikaleh, elles ne trouvèrent que des malades et blessés qu'on n'avait pas eu le temps d'emporter et des chiens dont les aboiements plaintifs avaient dans la nuit quelque chose de lugubre. D'une embarcation armée en guerre qui veillait sur la plage j'eus le loisir de les écouter de longues heures.

Une notable quantité de bricks, goëlettes et cotres, remplis de blé ou d'avoine, furent amarinés. L'un d'eux qui était Grec, fut commis à notre garde et son patron qui n'avait pas voulu fuir, fut notre commensal. Quoiqu'en sa qualité d'ami des Russes il n'eût pour les Français que des sentiments haineux, il s'amadoua vite et, plein encore des souvenirs classiques, je m'exerçai à causer avec lui dans sa langue : à quoi il m'aidait avec une vie d'Alexandre le Grand dont il me gratifia.

A ce propos je ne fus pas peu surpris de remarquer que l'écriture moderne ne diffère pas de l'ancienne et que la construction des phrases est à peu près identique. Quant à la prononciation, notre manière est tout simplement barbare et nous n'avons pas la moindre idée de ce qu'elle est en réalité : ce qui est commun à toutes les langues et en constitue la principale difficulté, surtout pour nous, les Français, en raison évidente de notre médiocre inclination à les apprendre. Nous avons chez nous tant de bien-être que nous n'éprouvons guère le besoin d'aller chez les autres et par conséquent d'étudier leurs idiomes.

Un assez long séjour dans la baie de Kertch me procura la satisfaction de parcourir des rives parfaitement cultivées, de visiter cette jolie petite ville dominée par de vertes collines, toute moderne par ses maisons de propre apparence et ses rues larges et alignées où, hélas, tout était vide ou démoli et où, entre autres édifices plus ou moins endommagés, le musée de forme antique n'avait plus que ses murs.

J'allai juger aussi les dégâts de la citadelle d'Iénikaleh. C'était un amas de décombres autour d'énormes trous béants, et le bourg qu'elle surplombait avait subi un tel ébranlement que les tuiles des toitures étaient cassées et même pulvérisées, et qu'en maints endroits les fragments s'étaient amassés en des figures géométriques.

Au cours d'une de mes promenades dans Kertch je trouvai un *Faust* de Gœthe traduit par Blaze, édition Charpentier, sur lequel j'écrivis le 1er juin 1855 que j'en avais recueilli les feuillets disséminés au milieu d'autres débris dans un corps de garde, et que c'était une étrange fatalité que cette rencontre sur les bords du Bosphore Cimmérien de la tendre et infortunée Marguerite, par opposition à celle de la gentille et heureuse Rigolette dans une île de la Baltique (page 40).

Un autre jour, entre Kertch et Iénikaleh, j'entrai dans des huttes de Tartares qui ressemblaient à celles d'Eupatoria (page 103) et, si le fait m'arrête, c'est parce que quelques-unes avaient souffert du passage de l'armée.

La fougue du soldat n'a pas de frein sur le sol ennemi ; il fait le mal par instinct : car j'aime à croire que sa conscience est muette. Malgré la plus sévère discipline, des écarts se commettent et il faut plaindre les malheureux qui en sont les victimes.

Je ne me rappellerai jamais, sans un profond sentiment de tristesse, avoir rencontré un pauvre paysan montrant du regard le ciel dont il semblait implorer la vengeance et, du geste le plus navrant, sa maisonnette complètement saccagée. Les imbéciles qui avaient fait le coup, en avaient ri sans doute.

Puis, pour agiter le cœur dans tous les sens de la pitié ou de la douleur, voici un traînard las ou malade, sans sac ou sans arme, qui demande son camp et s'y achemine dolemment. Représentez-vous une armée poursuivie ? Combien ce malheur de l'invalide deviendra plus affligeant !

Oh ! la guerre, quelle atrocité ! Les campagnes bouleversées, les vignes foulées, les moissons disparues, les habitations pillées ou incendiées, le monde renversé, le chaos renouvelé, quel fléau qui ravage tout, quels désastres !

Ainsi je m'exprimais alors : n'était-ce pas le cas pour ce coin charmant et florissant de la Crimée, que nous venions de transformer en un affreux désert, celui de la destruction et de la désolation? Et je ne parlais pas des massacres humains qui pour la France seule coûtèrent cent vingt mille hommes.

Que j'étais loin de penser que nous mériterions bientôt de nous approprier ces justes lamentations ! Et qu'il serait indiqué d'affirmer que nous ne valons pas mieux les uns que les autres !

A notre départ de Kertch, est-ce que nous ne brûlâmes pas ce que le feu russe avait épargné, la ville, la quarantaine, les navires échoués ? Et nous contemplions ces flammes d'un œil sec et tranquille ; je devrais ajouter que nous en tirions plaisir puisque, pour les rendre plus alléchantes, on les allumait le soir et que nous étions prévenus de jouir du spectacle.

Au demeurant, est-on tellement sensible aux misères que la guerre traîne à sa suite, qu'on ne soit bien aise d'y avoir du profit ? Si ignorants que vous en soyez, imaginez-vous des affamés par la solitude de la mer et les plages arides, fourrageant dans un troupeau de moutons, dans une basse-cour, voire dans un plant de salades ? Quand depuis un nombre incalculable de jours on est au régime du lard et des fayols au déjeuner, des fayols et du lard au dîner (le temps paraît très long dans ces circonstances, et le poste du *Phlégéthon* en savait quelque chose alors !), on n'est pas le moins du monde fâché d'un extra en rôti, en volaille, en légumes. Peu importent les voies et moyens d'acquisition : cela fait très bien sur le moment et on ne s'occupe pas du mal que cela fait ailleurs.

Mais le mal d'autrui n'est-il pas un songe ? Et puisque nous avions faim, n'avions-nous pas le droit d'user de ton malheur, ô ville de Mithridate, qui, heureusement située et prospère, en avais vu bien d'autres depuis le Roi-Poison ?

Et je n'insiste pas pour notre honneur : sans quoi je n'aurais pas la prétention de vous apprendre que ce n'est pas à l'étranger qu'a été inventé le vocable *chaparder*.

En résumé on est et on doit être féroce en guerre. Tant pis pour les vaincus : *væ victis !* expression qui par un singulier rapprochement est du même crû ; n'est-elle pas attri-

buée au gaulois Brennus, vainqueur de Rome? Ainsi va le
monde, et ainsi il ira εἶτ' ἂν ὕδωρ τε ρέη καί δένδρεα μακρά τεθήλη
(tant que l'eau coulera et que les grands arbres verdoie-
ront).

Le tirant d'eau du *Phlégéthon* lui interdisant la mer d'Azof,
j'allai considérer cette mer sur le littoral Nord d'Iénikaleh.
Une escadrille y était entrée avec les amiraux pour y croiser
et intercepter les communications de la Crimée avec le
Don.

A cette occasion je traversai le camp des Highlanders,
superbes Ecossais en costume d'été, bottines lacées, bas
bigarrés, genoux nus, jupon court à carreaux voyants, veste
rouge, bonnet à poil avec plumet touffu retombant de côté.
J'assistai justement à une parade et ne les vis jamais mieux ;
leurs tambours et leurs fifres m'égayèrent vraiment.

Là-bas, à Sébastopol, l'armée française s'étendait sur une
si vaste place que les Anglais étaient trop loin, ainsi que les
Sardes ; et on ne se dérangeait pas à leur sujet. Le temps
avait trop de valeur pour être dépensé chez eux.

J'avais au contraire parcouru les camps turcs à Eupatoria
et même à Varna, où était une réserve, parce que rien ne
me fut plus facile dans nos pérégrinations. Ceux-ci, du
reste, complètement étrangers aux mœurs occidentales,
étaient plus intéressants.

Leur matériel était réduit à la plus simple expression et
ils étaient peu empanachés, vivant de n'importe quoi et toujours prêts à sauter sur l'ennemi sans souci du danger : qualité (si c'en est une) qu'ils ont au suprême degré et qui leur
vaut, s'ils succombent, la suprême récompense : celle du
paradis. Il faut bien se battre pour quelque chose !

Leurs prières tournées vers La Mecque aux heures régle-
mentaires ou possibles, leurs ablutions au sable à défaut
d'eau avaient attiré mon attention, ainsi que leurs défilés
aux tambours battant une cadence monotone qui me remé-
morait la danse des ours apprivoisés.

# XIX

## SÉBASTOPOL

A peine le *Phlégéthon* avait-il abordé en Crimée (1er février 1855) que je m'étais empressé de gagner le camp le plus proche, à un endroit dénommé l'Observatoire d'où le regard planait sur Sébastopol par-dessus les accidents de terrain ; ces accidents consistaient en une crête inégale et demi-circulaire sur laquelle avaient été élevés de formidables bastions et qui était séparée de nos propres batteries par un ravin plus ou moins raide et profond.

Au courant du siège on l'appela le ravin des boulets, parce que dans ses parties les plus abruptes les projectiles pleins qui de part et d'autre n'atteignaient pas les points culminants, roulaient et s'amassaient si bien qu'ils furent employés à lester les navires de commerce repartant sans charge suffisante.

Il était dangereux de s'y risquer en plein jour, les carabines des sentinelles avancées y portant à merveille. Mais je m'en approchai dans une promenade nocturne et je constatai sous le sifflement des obus et des balles qui passaient sur nos têtes que, malgré une marche prudente et silencieuse dans l'ombre (*Ibant obscuri solâ sub nocte per umbram*), il n'y faisait pas bon et qu'il y avait lieu d'opérer une demi-conversion sans autre examen.

Sébastopol qui ne fut jamais cerné qu'à moitié (côte Sud), moyennant quoi pouvant se ravitailler, la place résista jusqu'à la suprême limite de ses forces militaires, offrait un panorama d'édifices, de clochers et de forteresses maritimes que mes diverses courses jusqu'au front de bandière et les diverses stations du *Phlégéthon* devant l'entrée du port me rendirent familier. Bien avant la fin des hostilités je connaissais les détails de cette perspective, dans laquelle sans cesse bruyaient les canons et crépitaient les coups de fusil.

C'était l'intérêt de nos avant-gardes qui autrement nous auraient fait mourir d'ennui et presque de faim par l'immobilité de notre chaîne et nos misères alimentaires.

Nous y avions quelques transes par les bombes que nous lançait le fort Constantin et qui toujours vinrent s'éteindre à quelque distance en soulevant de magnifiques gerbes d'écume. Passionnément nous suivions dans l'air leur orbe noir le jour et tout rouge la nuit.

Cela faisait partie des combats d'autrefois, de ces combats dans lesquels on se mesurait du regard et presque comme aux temps antiques on aurait pu s'invectiver.

Pensez donc que nos batteries de siège, armées de gros canons de marine, étaient en dernier lieu dressées à bout portant. C'est à ne plus y croire, aujourd'hui que ces canons et ces mortiers sont relégués aux Invalides et ont été remplacés par ce que vous savez.

Quelques jours avant l'attaque du 18 juin, le *Phlégéthon* fut chargé avec d'autres vapeurs d'un bombardement nocturne sur les forts et sur les vaisseaux coulés à l'entrée de la passe. On avait, bien entendu, choisi celles des nuits dont le voile est le plus noir, celles où la lune brille par son absence. Par un fait exprès probablement les bruits de la terre s'amortissaient et ailleurs un lourd silence emplissait la nature.

On s'avançait tout doucement à la queue leu-leu, l'hélice tournant lentement, les feux sans flammes, les hublots obstrués afin que nulle lumière ne servît de cible à l'ennemi, et seuls des fanaux disposés sur le rivage indiquaient la route à suivre.

Tous les canons étaient braqués du même côté.

Arrivé, grâce à ces fanaux, à un endroit déterminé, c'est-à dire en bonne portée, le commandant clamait : Machine en avant et feu partout ! On rechargeait immédiatement, on envoyait une seconde volée et on filait à toute vitesse.

C'était effrayant et majestueux, surtout quand les Russes, d'abord surpris, se tinrent prêts à la riposte. Et, en effet, ils ripostaient par toutes leurs embrasures et leurs barbettes et ils illuminaient et faisaient trembler l'espace.

Evidemment nous devions leur causer de notables dégâts, tirant à coup sûr sur quelque point vulnérable. Eux, au contraire, tirant au juger sur des éclairs fugitifs, ne nous atteignirent qu'une fois. Une bombe éclata sur la frégate anglaise, la *Miranda*, et tua ou blessa trente hommes, dont le commandant qui succomba.

Dans ces moments, mon chef et moi, nous nous tenions en contemplateurs au pied du grand mât, près de l'écoutille conduisant à nos apprêts dans le faux-pont et nous recevions comme tout le monde, à cause du vent venant de terre, les débris enflammés de nos grosses gargousses.

Si l'œuvre était malfaisante, elle ne l'était pas autrement pour nous.

Sur ces entrefaites nous, les aspirants, nous avions reçu une parcelle des dons nationaux, un jambon, quelques tablettes de chocolat : ce qui fut bien venu pour des raisons faciles à comprendre et auxquelles j'ai déjà fait allusion. J'ai gardé l'étiquette du flacon de champagne qui y était adjoint.

Le 18 juin, anniversaire de Waterloo, qui nous valut les approches de Malakoff, le Mamelon Vert (prévenu la veille d'une entreprise qui pouvait être dommageable, j'avais mis à la poste une poignée d'écus), l'escadre s'embossa devant Sébastopol, le *Phlégéthon* remorquant par le travers le trois-ponts *le Friedland*, et resta toute la journée sur le qui-vive, écoutant impatiente le feu d'enfer qui à terre avait pris dès l'aube une intensité croissante et cessa seulement à quatre heures du soir.

Le succès n'étant que relatif, l'escadre continua la nuit à bombarder la ville et ses défenses. Et ce fut la dernière fois qué, moi présent, le *Phlégéthon* participa à un fait de guerre.

Lors de la glorieuse défaite des Russes, le 8 septembre, nous étions à Constantinople où nous fûmes témoins des réjouissances publiques, salves, pavois et illuminations en l'honneur de notre très-chère victoire.

Et quand nous revînmes à Kamiesch où nous mouillâmes le 18 à 10 heures du matin, j'étais dès 1 heure en route pour Sébastopol où désormais je retournai, ainsi que dans les environs, jusqu'à saturation.


Ce ne fut pas sans une vive émotion que j'en franchis la porte par le rempart à la Vauban, où avait été tué le général de Lourmel au début du siège, que j'en parcourus les divers quartiers et que j'en sortis par des fossés plus ou moins remblayés et par Malakoff, où je recueillis un fragment de crâne (fragment auquel il ne manque à droite que les trois-quarts du frontal, le tiers du pariétal et l'écaille temporale et qui, par la place où je le trouvai et sa forme dolichocéphale, avait certainement appartenu à un Français dont un gros projectile avait fracassé et emporté la tête).

Quelle dévastation et quelle solitude! Des quartiers entiers détruits par le fer et le feu, les boulevards coupés par des barricades, la marine incendiée et coulée, pas pierre sur pierre dans le faubourg tartare où tombaient nos projectiles trop haut visés, tel était l'écœurant spectacle que nul pinceau n'aurait pu rendre et qui proclamait hautement combien à de certaines heures de l'histoire d'un peuple tout est vain et fragile.

Cette ville pittoresque par son site accidenté dont les plans principaux s'inclinaient sur un port profond et bordé de constructions maritimes, belle par ses larges percées, ses jardins, ses monuments, grande et florissante, était totalement anéantie.

La rive droite de la Tchernaïa dont l'embouchure constituait le port, avait seule par son éloignement relatif échappé à la destruction. Il n'y avait là d'ailleurs que des établissements publics, casernes, douanes et des forteresses.

Entr'autres excursions à Sébastopol, j'en fis une avec le peintre Durand-Brager que le *Phlégéthon* pilotait depuis quelques semaines. Elle eut ceci de particulier que nous passâmes par le camp du 98ᵐᵉ en y faisant une courte halte, et que nous y couchâmes après avoir visité le Clocheton où les assaillants avaient repoussé maintes sorties, le ravin des Boulets qui en était garni, le bastion du Mât dont les blindages improvisés avaient résisté aux canonnades, la baie de l'arsenal de laquelle émergeaient les pointes de nombreuses mâtures, etc.

Nous entrâmes au retour dans la Maison Verte, riche maison de campagne que sa situation en dehors des feux directs avait laissée presque intacte et qui était ainsi nommée, non parce qu'on y buvait de l'absinthe, mais parce que c'était la couleur de ses persiennes et de son entourage. La grille du jardin avait été écharpée par un boulet qui n'en avait emporté que l'épaisseur de son diamètre sur une série de barreaux.

On y avait abandonné un piano sur lequel tapotaient les officiers qui y campaient, et dans une volière fixe des petits oiseaux qui gazouillaient paisiblement au milieu des ruines.

C'était à la fin de janvier, le soleil disparaissalt derrière les coteaux, quand nous aperçûmes les tentes du 98ᵉ se profilant sur le ciel d'une journée étonnamment belle pour la saison.

Nous avions traversé tant de fossés, nous étions descencendus dans tant de casemates et nous avions tant pédestriné par ailleurs que les jambes commençaient à refuser le service. Nous nous arrêtâmes donc au camp où l'on nous attendait pour dîner.

Mon Dieu ! quelle faim canine et quel délicieux manger, quoique sommaire, avec du vin passable, un bon feu et une agréable musique ; et puis le reste de la soirée, au cercle, dans une baraque où, en grands enfants que nous étions, nous eûmes aux gauloiseries de charmants officiers des accès de fou rire !

On était jeune, bien portant et, si notre médaille avait un revers, ce n'était pas dans ces moments-là.

Nous goûtâmes un excellent repos sous la tente où la diane nous réveilla et d'où nous partîmes aussitôt à dos de mulet, nos hôtes n'ayant absolument pas voulu nous laisser aller à pied.

A Kamiesch nous montâmes, avant de rentrer, à bord du trois-mâts américain le *Gauntlet* où l'on se rafraîchit. Décidément soit instinct, soit hasard, j'en tenais pour les Américains, et de fait ils nous étaient très-sympathiques.

Dans une autre promenade je ne manquai pas de me rendre compte du vigoureux effort que l'assaut du Grand-Redan avait coûté aux Anglais, à qui cette sérieuse part de l'attaque finale avait été réservée. Le ravin que surplombait ce bastion avait des pentes malaisées où je pris une fatigue excessive, d'autant que le terrain était détrempé par une neige fondante (29 février 1856).

Par mer et par une bonne température je me dirigeai aussi sur le côté nord de Sébastopol. J'y pénétrai dans les forts Catherine et Constantin, où nous fûmes parfaitement reçus par les Russes qui n'avaient pas cessé de les occuper. Je remarquai au passage les mortiers du dernier qui nous avaient si souvent bombardés.

Et, la paix tardant à se conclure, on démolissait les bassins de radoub, on déboulonnait des croix, on emballait des marbres, on faisait sauter les forts. Quelle jalouse rage et quel injuste sort ! Le *Phlégéthon* était présent à l'explosion du fort Nicolas, qui nous fit sursauter dans le poste.

Et l'on s'amusait joyeusement. Ce fut alors qu'eurent lieu les représentations théâtrales, très-réussies et très-divertissantes.

N'ayant plus rien à faire, on festoyait pour rien et avec rien. Les Anglais imaginèrent même des courses. Et les troupes étaient tranquilles, nos soldats et les Russes fraternisant en compères-compagnons.

Entre temps je m'étais engagé avec l'aspirant Sapieha sur la route de la Tchernaïa et, au quartier général où le *Phlégéthon* était avantageusement connu et apprécié par ses fréquents envois de provisions de pêche, on nous avait montés.

Je ne cache pas que c'était à mon corps défendant, n'ayant qu'une médiocre aptitude physique et aucun goût pour cette manière de déambuler. Pressentant quelque fâcheuse aventure et préférant sous tous les rapports le plancher des vaches, je lâchai le cheval au bout d'un kilomètre, j'abandonnai mon camarade à ses courses quelconques et m'en allai pédestrement, sur trois lieues de long, passant partout, montant, descendant, examinant, interrogeant et revenant amplement satisfait et... excédé.

La plaine et le moulin d'Inkermann où le 5 novembre 1854 les Russes avaient subi un grave échec, fixèrent tout d'abord mon attention. J'y revis par la pensée le général Bosquet décidant de la victoire. Je dévalai ensuite dans le ravin des Carrières et je fus stupéfié par sa profondeur et son escarpement. De petits tertres y recouvraient les corps des ennemis qui y avaient été précipités.

Au bas de ce ravin dont la pierre blanche, compacte et homogène, a servi à bâtir Sébastopol, était un aqueduc de dix arcades se continuant par un tunnel de sept à huit cents mètres pour la conduite des eaux à la place forte.

Et j'atteignis la rivière ou plutôt le ruisseau : car la Tchernaïa n'était là qu'un faible courant, bordé de saules et de peupliers et serpentant au milieu de prairies naturelles.

L'haleine de ce renouveau était vraiment caressante et je l'aspirai avec volupté.

De l'autre côté, dans le roc blanc, un trou noir faisait tache : c'était l'habitation d'un moine que nous avions baptisée le Monastère et qui avait été un point de mire durant les opérations.

Je remontai la rivière jusqu'au pont de Traktir où fut conclu l'armistice, et où le 16 août 1855 avait été tué le général russe Read dans un combat que provoqua l'ennemi escomptant sans doute les Beaux-Dunois de la veille, qui fournit aux Sardes une occasion de se bien montrer et ajouta un fleuron à notre couronne de gloire.

Et je rentrai par le camp des Anglais qui manœuvraient dans leur raideur habituelle et qui, pratiques plus qu'aucuns, y avaient déjà établi une voie ferrée.

Enfin le plaisir s'affadissait de fouler un sol sur lequel la France venait de cueillir de magnifiques lauriers, au prix d'holocaustes sanglants et pour cette sempiternelle question d'Orient dont je crois que nous sommes loin de vouloir raviver la passion refroidie, et qui, sans qu'on ait à souffler sur des cendres mal éteintes, se videra d'elle-même par la force des choses, la lente et sûre décomposition du Musulman que les circonstances ne changeront pas et qui sera toujours ce qu'il est, inerte et impuissant.

Et puis, malgré le haut degré de perfectionnement qu'a atteint l'art de détruire avec le plus de certitude le plus grand nombre d'hommes dans le moins de temps possible (ou mieux à cause de cela), malgré l'ardeur inconsidérée des chauvins à faire luire à nos yeux les avenirs qui nous ramèneraient à ce passé victorieux, il faudrait être aveugle pour ne pas voir qu'un vent d'apaisement et de concorde s'est levé dans le ciel de notre vieux monde, et je gagerais que la sérénité n'en sera plus troublée par les œuvres néfastes de destruction.

Les survivants de l'époque héroïque où on luttait par l'intelligence et l'énergie individuelles, ne l'ont pas oubliée et elle est d'autant plus inoubliable que les déceptions les plus amères devaient la suivre. Mais c'est fini : le temps, ce maître auquel il est impossible de résister, le temps n'est plus où l'on s'enivrait de fausses grandeurs et où l'on entonnait sans mesure des hosannahs retentissants.

Si la foi chez les vieux couve au cœur sous la glace des ans et si les souvenirs douloureux sont seulement assoupis, leurs mains séniles ne remueront plus rien. Quant aux jeunes, ils n'en ont cure, n'ayant aucune connaissance d'un monde disparu et d'enthousiasme que pour le bien-être et les plaisirs.

Tant mieux si je m'abuse, mais franchement ne semble-t-il pas que présentement, entre hier et demain, on vive sans se retenir ?

Et je commençais à être hanté par l'idée du retour.

Les soldats eux-mêmes en avaient assez de promener leurs fatigues sur la terre étrangère et ils avaient hâte d'aller se reposer au foyer domestique.

Bientôt s'échelonnèrent les embarquements pour la patrie avec d'indicibles élans de joie, qu'il me tarda d'imiter. Quoique j'eusse en partage une situation relativement heureuse, n'avais-je pas le même désir, la même impatience ?

# XX

## MA DÉMISSION

Et maintenant, lecteurs, pour peu que vous soyez satisfaits d'avoir sacrifié quelques quarts d'heure à feuilleter ces pages, pour peu que vous y ayez trouvé la grâce des choses fanées (car tout est fané dans cette histoire des ressouvenirs qui chantent dans ma mémoire et humectent mes yeux), accordez-moi encore quelques instants et permettez que, pour la commodité de la description, je date à la file les derniers épisodes de ma vie maritime. J'espère d'ailleurs que si les anecdotes finissent par lasser, même les meilleures, votre patience et ma bonne volonté adouciront l'aridité des miennes.

Vous venez de m'entendre aspirer, non-seulement à revoir la patrie que l'on aime d'autant plus qu'on en est plus longtemps éloigné, mais aussi à réintégrer le foyer familial.

Mes vœux allaient être exaucés.

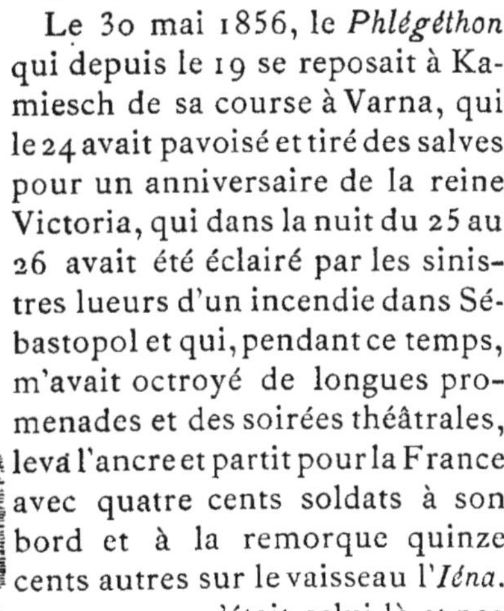

Le 30 mai 1856, le *Phlégéthon* qui depuis le 19 se reposait à Kamiesch de sa course à Varna, qui le 24 avait pavoisé et tiré des salves pour un anniversaire de la reine Victoria, qui dans la nuit du 25 au 26 avait été éclairé par les sinistres lueurs d'un incendie dans Sébastopol et qui, pendant ce temps, m'avait octroyé de longues promenades et des soirées théâtrales, leva l'ancre et partit pour la France avec quatre cents soldats à son bord et à la remorque quinze cents autres sur le vaisseau l'*Iéna*.

Je dis l'*Iéna* et je le répète, parce que c'était celui-là et pas un autre, et parce qu'alors notre marine avait le légitime orgueil de porter sur les mers ce nom triomphal.

Présageant que pour la dernière fois mes regards se perdaient dans la contemplation des rives Criméennes, j'éprouvais un triste plaisir à les saluer fuyant à l'horizon et s'engloutissant peu à peu dans les flots.

Nous avions gagné le large que ma pensée obsédée par le spectre des désastres, errait encore sur les deux nécropoles, celle de pierre qui, retournant à ses anciens et vrais maîtres, renaîtrait de ses cendres et celle des mille et mille morts dont la couronne de rayonnante gloire allait éternellement parer l'autre.

L'air était léger, salubre et vivifiant. Les remorques furent larguées et les deux navires voguèrent de conserve sous leurs voiles gonflées par un vent favorable.

Et ce fut bientôt le cadre uniforme de la mer moutonnante.

Nous étions loin aux derniers feux du couchant.

Je m'endormis dans des rêves dorés.

Le lendemain le calme régnait partout ; les remorques furent redonnées et par la brume qui survint on n'atteignit le Bosphore que dans l'après-midi du 1er juin.

Le besoin de remplir à fond les soutes de charbon nous y gratifia de deux journées, pendant lesquelles j'utilisai quelques heures à humer les senteurs embaumées des champs de Beïkos et de Thérapia.

Le 3 au soir on dit adieu à Constantinople en filant droit sur Marmara.

Le 4 à midi près de Ténédos, par un ciel profond et pur, on observa les découpures de Lemnos, célèbre par les forges de Vulcain et par-dessus cette île, grâce à la meilleure des lunettes, on releva le mont Athos dont Xerxès canalisa l'isthme pour le passage de sa flotte quelque cinq siècles avant Jésus-Christ.

Si nos percements modernes ne sont pas renouvelés des Grecs, c'est tout comme, à considérer que le roi des Perses guerroyait contre eux dans leur mer Egée.

Puis on traversa l'Archipel sans incidents.

Dans la soirée du 5, par le Sud du cap Saint-Ange, on aperçut le mont Ida, celui de Crète, où Jupiter, le dieu suprême des Grecs et des Latins, fut nourri par la chèvre Amalthée, pour s'en rapporter à la légende de cette intéressante mythologie que la démence du régime impérial s'est acharnée à dépoétiser et qui n'en continue pas moins à être un précieux ornement de notre littérature. J'en appelle même aux esprits froids : y a-t-il dans ce domaine un sentier qui ne lui emprunte quelque grâce ?

En même temps une avarie dans la machine obligea le *Phlégéthon* à larguer l'*Iéna* une deuxième fois. On resta à la dérive par une mer d'huile et une chaleur étouffante. Pas un souffle dans l'atmosphère, les voiles faséiantes, les manches à vent sans office, le faux-pont intenable malgré la béance de toutes les écoutilles et de tous les hublots, tel fut le lot de cet arrêt forcé.

Vingt-quatre heures après, l'*Iéna* fut repris et on se dirigeait droit à l'Ouest quand une brise carabinée souleva la mer et qu'une troisième fois l'*Iéna* fut abandonné à ses propres ressources.

On était par latitude Nord 35° 58', longitude Est 15° 04'.

On louvoya en vue l'un de l'autre et on attendit un calme relatif pour se reprendre : cela eut lieu le 9 dans la matinée et désormais nos tracas réciproques de navigation furent terminés.

Le 10 juin à 4 heures de l'après-midi nous entrâmes dans le port de Malte où nous eûmes l'agrément de visites curieuses, d'une belle soirée et de fruits délicieux.

Ici se place un fait pénible, d'autant plus pénible que nous n'allions pas à Berlin en ce temps-là ; au contraire nous revenions de Sébastopol. Quel énervant contraste !

Comme le *Phlégéthon* et l'*Iéna* évoluaient pour s'ancrer, une musique indigène joua la *Marseillaise* et je fus surpris et ému au plus intime de mes fibres patriotiques. Mais ce ne fut pas long : les braves gens croyaient évidemment nous être agréables et sans doute nous honorer. Ah bien oui ! on les pria de se taire (c'est le mot poli) et ils se turent.

Aussi bien que venaient-ils rappeler ce chant immortel qui marqua nos premiers pas dans la voie de la liberté ?

... « Taisons-nous aussi, écrivais-je à mes parents, on nous entendrait peut-être, et cela nous porterait préjudice. Hélas ! trois fois hélas !... »

Le lendemain à 9 heures nous appareillâmes sans tambours ni trompettes, et la mer fut admirable jusqu'à la fin.

Par précaution et pour être autant que possible à l'abri d'un nouveau coup de vent, on doubla la Sicile par le Sud : à quoi nous dûmes de reconnaître l'île Pantellerie et sa principale bourgade.

Le pavillon Sarde qui avait eu l'habileté de s'acquérir des droits à devenir le pavillon Italien en mêlant ses couleurs aux nôtres dans la campagne de Crimée, n'y flottait pas alors, tandis qu'au passage le nôtre était hissé, chatoyant au gai soleil.

Près du cap Bon je revis en mémoire la ville d'Annibal qui mit Rome à deux doigts de sa perte, et ces Carthaginois qui avec leurs galères primitives étendaient leur commerce dans toute la Méditerranée et sur les côtes occidentales de l'Afrique et de l'Europe, dont la mauvaise foi est restée proverbiale et qui finirent par être les victimes de leur puissance et de l'avide exploitation de leurs tributaires.

On prétend qu'Annibal s'amollit par les délices de Capoue. Ses concitoyens certainement se corrompirent par leurs richesses et succombèrent dans une troisième et terrible guerre contre les Romains. Et Scipion vainqueur rasa leur ville, conformément à des principes qui remontent au déluge et dont la perpétuité se démontre de loin en loin.

Marius, ce tribun plébéien qui abusa de sa fortune, s'assit dans sa fuite sur les ruines de Carthage.

César les releva et par l'excellence de sa situation cette capitale de la province romaine d'Afrique, où s'instruisit saint Augustin et qui fut prise par Bélisaire contre les Vandales, redevint florissante et résista au fléau de nouvelles guerres jusqu'à l'invasion des Arabes qui la conquirent à leur tour et la livrèrent aux flammes.

C'était le temps où le fatalisme ne les paralysait pas, les Arabes, mais où ils détruisaient pour détruire et sans rien mettre à la place, si ce n'est des bicoques.

C'est sur des restes misérables que mourut Saint Louis ; c'est avec ces restes que Tunis a commencé à se construire, et que par une inspiration géniale nous avons réussi à y renouer les traditions antiques.

Et voilà comment à propos du cap Bon j'oublie nos deux bateaux se dirigeant sur le cap Carbonara au Sud-Est de la Sardaigne.

Du 13 au 14, avec une lenteur pour ainsi dire calculée, on longea les côtes orientales de cette grande île à les toucher, tellement les eaux sont profondes et sûres jusqu'auprès de la terre. L'œil se reposait agréablement sur les sinuosités de ce littoral et surtout sur les montagnes voisines que la lumière et les ombres décoraient diversement.

Dans la journée les soldats de l'*Iéna*, qui voyaient déjà fumer la cime de leurs toits, envoyèrent des couplets vers les rives de France.

« France adorée, douce contrée (a chanté Béranger), combien mon âme est attendrie ! Là furent mes premières amours, là ma mère m'attend toujours. Salut à ma patrie ! »

Et nous arrivâmes aux Bouches de Bonifacio par un temps resplendissant.

Nous les avions traversées, avant que la frégate *la Sémillante* y eût sombré dans le bouleversement d'une mer orageuse. Cette fois, j'eus de la peine à retenir des larmes à l'aspect du monument funéraire élevé à la mémoire de centaines de naufragés, dont il me semblait que le glas sonnât à mes oreilles.

C'était une petite flèche bâtie sur le point culminant du fatal écueil de Lavezzi, qu'entouraient de nombreuses croix.

Le pavillon fut mis en berne et il frissonnait au vent, tandis que dans un silence religieux tous les regards étaient tirés sur ces tombes et que notre aigrette noire allait s'y épandre !

Cette scène m'en rappelle une autre à laquelle le commandant du 2ᵉ escadron du Train dont j'étais le médecin, donna une véritable solennité au frémissement patriotique de tout son monde.

On faisait la dernière étape de Paris sur Amiens, alors que les escadrons du Train nouvellement organisés rejoignaient leurs postes respectifs.

Sur le revers de la route à quelques kilomètres de la ville, à Dury, un édicule annonce et nomme une poignée de braves tués à l'ennemi, qui dorment là dans leur sommeil de paix.

Aux approches, le commandant arrêta sa troupe, la serra en colonne en ne laissant à la conduite des équipages que le strict nécessaire, se mit à sa tête et, tirant son sabre, commanda le défilé.

Et notre fanfare sonna une vive cadence.

Et je vous assure que ce fut pathétique sur ce théâtre, la grande et belle nature, à la face des cieux.

J'en écris le souvenir le 29 juin 1895 et j'en recherche la date qui jour pour jour se traduit par vingt ans. *O vitæ curriculum breve !*

Enfin nous arrivions et tous les soldats étaient transportés d'allégresse. La vigie avait crié : « Terre, terre, là-bas, voyez ! Ah ! tous les maux sont oubliés. Salut à la patrie ! »

Le 15 à 6 heures du soir, nous jetions l'ancre au mouillage de Porquerolles dans la rade des îles d'Hyères. C'était là qu'avant de débarquer il fallait prouver qu'on n'apportait du Levant ni venin, ni virus.

Au matin du 16 j'allai dans cette île, ravissante par ses accidents de terrain et sa luxuriante verdure, chercher la patente de santé, et je faillis au retour subir un malheur par la violence du mistral et de courtes lames qui ballottaient terriblement la frêle embarcation et s'y embarquaient par paquets.

Le quartier-maître qui tenait la barre, avait l'œil au bossoir et ne cessait de recommander une attitude passive ;
seul un matelot se mouvait pour ramasser l'eau avec un
seau et la vider à mesure. Les autres veillaient sur l'unique voile à demi carguée.

Quant à moi, immobile à l'arrière du canot, outrageuse-
sement battu par le vent et l'embrun, je ne pensais, je vous
l'assure pour toutes sortes de motifs, ni à César, ni à sa fortune, mais bien à un chavirement possible ; et j'avais
dépouillé mon caban pour être libre de mes mouvements et
conserver l'espoir de nager et d'être repêché.

Et quand nous sautâmes à bord avec les tire-veilles que
je savais serrer à point, l'inquiétude était encore peinte sur
les visages : ce qui prouvait que nous venions d'échapper à
un danger et ce qui donna un coup de fouet à ma résolu-
tion de ne plus en courir de semblables.

Ce même jour nous étions dans le port de la Joliette, à
Marseille où je passai la soirée. Les troupes débarquèrent
le 17 et immédiatement nous rentrâmes à Toulon, où l'ordre
de s'apprêter à repartir à la première heure mit le feu aux
poudres.

En ma qualité de chirurgien volontaire j'avais le droit
de démissionner sur terre française. J'avisai tout de suite à
en user et je n'attendis pour cela que l'autorisation de mon
Oncle.

Malgré mes envois d'argent à mes parents, j'avais amassé
quelques centaines de francs dans le but de l'exonération.

Les anciens se rappellent que dans ce temps on s'exoné-
rait directement à l'Etat, moyennant une somme déterminée
pour chaque année de service à faire ou restant à faire.

Mes économies ne fournissant qu'un appoint, je devais
pouvoir compter sur les ressources Avunculaires.

La difficulté d'entrer définitivement dans la carrière maritime à cause d'un concours à subir pour lequel il fallait être
présent à une époque fixe, l'envers de cette carrière qui jette
loin de la famille et interdit le foyer, les misères tant mora-
les que physiques y adhérentes, l'incertitude de l'avenir

livré aux caprices des vents et aux maux exotiques, la possibilité de conjurer le sort puisque la paix était faite et que plaie d'argent n'est pas mortelle, mes études interrompues, le désir d'atteindre le doctorat, tel fut le faisceau de raisons, toutes meilleures les unes que les autres, dont l'accueil combla mon espérance et motiva ma décision suprême.

Eh ! c'est que ce n'était pas rien que de se résoudre dans notre situation plus que modeste à une forte saignée pécuniaire : 350 francs à payer par année et fraction d'année et les frais de voyages et autres.

Enfin l'assentiment de mon Oncle ne se fit pas attendre et sans désemparer je notifiai ma démission.

Dans cette prévision j'avais pris mes précautions pour le rapide enlèvement de mon bagage. Jugez plutôt : c'était le 22 et le 23 le *Phlégéthon* reprenait la mer.

Pour être certain de n'avoir pas la nostalgie du hamac et du goudron, je n'étais pas ingrat. J'étais donc sur le quai pour l'admirer une dernière fois dérâpant sous son panache d'épaisse fumée et mettant le cap sur la passe.

Adieu ! mon cher navire aux coquettes allures, adieu ! pensai-je. Que la vapeur et ta blanche voilure secondent à jamais mes souhaits de bonheur !

Et il fila par un beau soir d'été !

Vingt ans après, à mon arrivée à Brest comme médecin-major de 1re classe au 19e de ligne, je m'empressai de m'enquérir de sa destinée. Ayant beaucoup navigué, il avait disparu par l'usure et par l'âge.

Toutefois, je le revis en grand et beau dessin le représentant fouetté par la vague écumante, et j'ai toujours regretté que l'état de mes finances ne m'en permît pas l'acquisition.

Maudit argent !

# XXI

## MA RENTRÉE

Es comptes réglés et ma feuille de route établie,
je quittai Toulon le 25 à 11 heures 1/2 par la
malle-poste, voiture étroite, haute et légère qui,
bride abattue, transportait le courrier et le versait
quelquefois dans les pays à rampes prononcées (le Limou-
sin, par exemple) : d'où des côtes enfoncées, des membres
fracturés, le conducteur assommé ou tué, ce qui faisait
grand bruit et n'était, convenons-en, qu'un mince détail
en comparaison des accidents modernes.

Et pour spécifier exactement la vitesse antique, j'arrivai
à Marseille à 5 heures, en d'autres termes en 5 heures 1/2
(67 kilomètres), par les gorges d'Ollioules où la route se
creusait à moitié dans le roc surplombant, par de plantu-
reuses vallées et le gros bourg d'Aubagne au vin réconfortant.

A Toulon j'avais eu toute une semaine pour m'impré-
gner à nouveau de ses aspects et de ses odeurs ; ici je me
promenai et dînai bien, trinquant avec moi-même, pendant les quatre heures que je dus attendre pour choisir au
train une de ces places faubouriennement dénommées
premières de zouave, place obligatoire pour ma bourse et
parfaitement indifférente pour ma personne.

Mes tablettes indiquent le départ à 9 heures du soir.

Je remarquai tout de suite le tunnel de l'Estaque (le
premier que je voyais de cette importance) et l'étang de
Berre qui miroitait dans la nuit, et dès l'aube le lointain
bleuâtre des Alpes et le Rhône aux flots verts et rapides.

Je fus émerveillé par la traversée de la ville de Lyon,
où je devais après la guerre franco-allemande subir pour

m'en reposer quatre mois de dure garnison. Pour le mentionner, vous ne croiriez pas au détail du service que je dus y remplir et qui un moment outre-passa mes forces (page 82).

Le tunnel de Fourvières n'existant qu'en projet, un omnibus conduisait de Perrache à Vaise et, pour jouir pleinement du spectacle j'étais monté sur l'impériale, d'où par diverses échappées je me fis dénommer la Croix-Rousse, le Mont d'Or et surtout les points saillants de la crête escarpée qui s'étend de Sainte-Foy à La Duchère et que je devais en 1871 amplement arpenter. Les longues rues, la place Bellecour, les larges quais, leur animation rafraîchirent ma connaissance du grand Paris qu'enfin j'allais revoir. D'ailleurs le soleil qui dore tout, quand on est en bonne disposition, était de la partie.

La Saône me parut ce qu'elle a toujours été, lente et jaune (*lentissimus et lutens Arar*). Les plaines qu'elle arrose étaient magnifiques. A Dijon je ne vis pas grand'chose, un fouillis de maisons, deux flèches.

Et partout la France était bien belle. Plus tard, lorsque je revenais de Lyon ou d'Algérie, je ne me rassasiais pas des riches perspectives qui sans interruption se succèdent dans les vallées de l'Yonne et de la Seine.

Et le 27 à 4 heures du matin (trente et une heures de trajet au lieu de dix-neuf maintenant en troisièmes) j'étais en gare de Paris, où m'attendait mon unique frère Louis. Il y avait, hélas ! déjà presque deux ans que les cendres de l'autre, de mon pauvre Joanni, étaient mêlées à celles du Père La Chaise.

Ce deuil que ravivait mon retour, les soucis de ma situation militaire enveloppèrent d'ombre les épanchements de cœur dans la famille et en attristèrent la douce volupté. Etais-je assez heureux cependant et, malgré tout, quelle joyeuse ivresse débordait dans notre intimité !

Par ma démission je n'avais pas recouvré ma liberté, puisque j'étais soldat, c'est-à-dire apprenti marin, la Guerre m'ayant versé à la Marine quand, n'ayant pas répondu à l'appel de ma classe, j'avais été retrouvé sur un navire de l'Etat au fond de la Baltique.

J'avoue qu'à mon départ qui fut précipité, je n'avais pas songé à prévenir le recrutement et qu'embarqué, je n'y songeai pas davantage. Mon absence passa même un moment pour une désertion.

Donc, je me rendis au Ministère dès le lendemain de mon arrivée et j'écrivis à Cherbourg, mon port d'attache, en même temps que je reprenais pied à la Faculté.

Et je fis immédiatement des démarches pour obtenir un congé auquel j'estimais avoir quelques droits après une pareille campagne. J'y intéressai avec ma Mère quelques personnages qui ne se bornèrent pas à nous asperger d'eau bénite de cour. C'était le moment propice, ainsi qu'il en est question dans mes fragments de lettres de fin 1854.

J'allai, je vins, je me démenai, je récrivis à Cherbourg qui me réclama mon ordre de débarquement et ma feuille de route. Vis-à-vis de ma conscience je m'acquittai amplement. Rien n'y fit ; je fus poliment éconduit, parce que les congés étaient interdits dans la marine et parce que le besoin de chirurgiens s'y faisait toujours sentir : prétextes honnêtes dont avec moins d'ardeur à me débattre j'aurais été l'innocente victime. Malheur ! ma simple unité était-elle donc tant nécessaire que le service dût souffrir de sa disparition ?

Et mon affaire n'aurait-elle pas bénéficié d'une tournure différente, si j'avais été un de La Pétardière au lieu d'être un roturier ? Ce dont je m'honore et cela soit dit sans aucune malice, puisqu'il est dans la nature des choses qu'elles soient ainsi et pas autrement et que les destins n'y changeront jamais rien. Quoi qu'il advienne, on appartiendra toujours au milieu dans lequel on aura eu la peine de naître.

Néanmoins on me laissa tranquille jusqu'au 16 août où un avis du ministère, provoqué par l'autorité de Cherbourg, m'invita à y aller recevoir une nouvelle feuille de

route et où l'on ne voulut rien entendre à ma demande
d'exonération.

Les gredins, gros et petits qui riaient sous cape (ceux-ci
surtout qui ont une fâcheuse tendance à oublier qu'ils
servent et ne commandent pas) auraient pu m'éviter un
voyage dispendieux; ils furent impitoyables et le 19, à
8 heures du soir, je partis pour Cherbourg où j'étais
vingt-trois heures après par le vent et la pluie, qui accen-
tuèrent ma mauvaise humeur et me firent prendre en
grippe la ville et tout ce qui en dépendait.

Nous n'étions plus en mars 1854 et j'avais en tête de ne pas
m'éterniser dans ce que je considérais comme une impasse.

Cette fois le chemin de fer allait jusqu'à Caen où je me
promenai pendant trois heures à attendre la diligence qui,
prenant au plus court, passait par Isigny au beurre
renommé et par Carentan où je rebus du cidre.

Inutile de dépeindre mon horripilation aux difficultés
qu'on s'empressa d'opposer à mon désir. Mon titre d'auxiliaire ne comportant pas la position à terre, je fus embarqué sur le stationnaire et employé provisoirement à
l'hôpital dans les salles du docteur Fonssagrives, dont la
destinée devait graver le nom dans la chaire d'hygiène de
Montpellier. Cet aimable et savant médecin ne comprenait pas ma répugnance à poursuivre une voie, qui à coup
sûr lui avait été facile et dans laquelle à mon âge je n'avais
pas encore une place effective.

Et tenace plus que jamais, m'irritant contre des obsta-
cles qu'il m'était impossible de croire insurmontables, je
redonnai ma démission : ce qui, je le répète, était mon
droit indéniable.

Et je le fis tant et si bien, exposant mes raisons avec
toute la force et aussi toute la mesure qu'imposait la circonstance, qu'elle fut acceptée le 26 et que, séance tenante,
je fus incorporé à la division des équipages de la flotte.

Il va de soi que je n'hésitai pas un seul instant à adresser
ma demande d'exonération au commandant de la division

que j'avais pressenti et qui, devançant sa promesse d'un concours favorable, m'accorda de ne pas coucher au quartier.

J'eus encore des déboires auprès de l'autorité supérieure qui prétendait que mes raisons n'étaient pas assez graves, et qui ne céda que sur mon insistance à les faire valoir.

C'était la dernière signature nécessaire à l'octroi d'une faveur que, sans observations, je payai 1750 francs (1200 expédiés par mon Oncle et 550 de ma poche).

Le 29 je versai cette somme au Trésor qui me livra en échange un papier dûment signé et timbré. Le 30 je reçus la solde de cinq jours de service comme médecin (25 francs) et de deux jours de présence comme matelot de 3ᵉ classe (4 fr. 60) avec un livret matricule ; et le 31 je pris définitivement congé de la marine, non sans goûter encore de la mer qui eut des reflets particulièrement agréables.

La veille, j'avais eu hâte d'avertir mes parents par ces quelques mots : « La rançon est payée, les fers sont brisés, je suis libre. Vivat! je pars demain matin par le vapeur du Hâvre, je saute en chemin de fer et j'arrive à Paris à 10 heures 1/2 du soir. »

Et en effet je revins par le Hâvre et c'est le *Colibri* dont le nom gracieux s'harmonisait avec l'azur du ciel et mon intime ravissement, qui m'y porta dans une courte et admirable traversée.

L'embouchure de la Seine aux larges bords, le port et les bassins du Hâvre, puis les vertes campagnes aux sites accidentés, les flèches gothiques de Rouen, la vallée sinueuse du fleuve coupé et recoupé par le train, Pont-de-l'Arche avec ses arcades de Charles le Chauve et une foule de localités joyeusement ensoleillées, furent les attractions qui remplirent ensuite cette fameuse journée du 31 août 1856, la dernière de ma vie maritime.

Avant minuit je rentrai au foyer, riche d'espérances et pauvre d'argent, ne demandant au ciel que la patience de Job pour m'estimer heureux comme Crésus.

Et sans tarder je me replongeai avec plus d'ardeur que jamais dans mes chères études.

On revit si volontiers dans le passé qu'en vieil enfant que l'on est, on a toujours quelque souvenir à évoquer.

Je n'échappe pas à la règle commune.

En 1869, avant de quitter le Val-de-Grâce où ma prochaine promotion au majorat de 2ᵉ classe allait mettre fin à mes fonctions de surveillant, je contentai la fantaisie qu'avait ma Compagne de connaître la mer et nous fîmes ce même voyage par les grands jours.

Le chemin de fer était terminé, et une nuit suffisait désormais pour atteindre Cherbourg avec la vue des pâturages classiques aux lueurs de l'aurore.

Le séjour de ce port où la science a réalisé des merveilles de substructions, fut captivant sous tous les rapports, horizon, digue, arsenal, grève de sable ou de galets, marée, etc.

Mais la traversée, calme dès le début et belle jusqu'à Barfleur par le décor varié de la mer qui grandit et de la terre qui fuit, devint tempêtueuse sous le coup d'une rafale d'une violence inquiétante. Parti à 2 heures de l'après-midi, le bateau haletant de peine et de détresse sous les deux grands yeux de la Hève qui semblaient nous narguer, n'entra dans le Hâvre qu'à une heure du matin.

On était généralement malade et moi, l'ex-marin endurci, j'étais peu rassuré. Un voyageur qui, comme nous, s'était offert cette partie de plaisir, geignait fort et jurait qu'on ne l'y prendrait plus.

Une agréable et instructive station au Hâvre et dans les environs, un arrêt à Rouen pour en saisir les traits principaux et saluer Jeanne d'Arc, nous dédommagèrent de cet affreux contre-temps en complétant notre tournée.

Après tout, était-ce si mal réussi que cette acquisition d'une idée nette sur les diverses manifestations marines ? Et quand dix ans plus tard nous partîmes pour l'Algérie, la mer et nous, n'étions-nous pas de vieilles connaissances ?

# A MA MÈRE

IL y a beaux jours, tu le sais, que je nourrissais le projet d'écrire ma vie maritime ou, pour mieux dire, cette période imprévue de mon existence que forcèrent brutalement la conscription et la politique guerrière du temps.

A ce sujet, l'hiver dernier qui a été remarquable par sa durée, par sa continuité et de tardives rigueurs, a eu, en ranimant et confinant quelques vieilles douleurs que je n'ai pas volées, l'avantage de favoriser mes recherches.

Il y fallait du temps : les neiges et les glaces persistantes l'ont fourni. Il y fallait une patience active et assidue : les rhumatismes m'en ont à peine détourné. Seules, tes tendres remontrances me mettaient dans la douce obligation d'y apporter le dérivatif de quelque distraction. A trop se tendre la corde se rompt, n'est-ce pas ?

J'ai donc parcouru les notes quotidiennes qui fixaient fidèlement les événements, j'ai relu les lettres qui les détaillaient et les commentaient, notes et lettres que tes soins ont conservées intactes et dans lesquelles je me suis retrouvé tellement identique à moi-même, que souvent je n'ai eu besoin pour mon récit que d'en transcrire textuellement certains passages.

Et ne résistant plus au désir de consigner de lointains souvenirs, j'ai dans la paix de notre enclos, sous les ombrages verts et au milieu des fleurs, commis et assemblé ces quelques chapitres, non pour les faire connaître urbi et orbi qui ne s'y intéresseraient guère, mais pour permettre à tes bons yeux et à la bienveillance des parents et amis d'y garder condensées les péripéties de mon voyage autour de l'Europe, avec les remarques et les digressions que les années ajoutent à ce qu'elles n'ont pas encore détruit.

Si je me suis animé à remettre en lumière des faits plus ou moins frappants, à faire sincèrement les réflexions qu'ils m'ont *suggérées, ai-je dans mon ardeur à les dépeindre pris l'accent convenable ?*

*Pour toi, et c'est ce qui m'importe le plus, cela n'est pas douteux : car tu as prouvé que ce qu'on veut que soient les enfants, il le faut être. Mes sentiments ne sont-ils pas tout le reflet des tiens ?*

*A l'entourage le soin de conclure.*

*Et tous, vous me rendrez cette justice que cette fois je n'ai pas abusé des citations latines qui ont l'air d'affirmer le talent et embêtent les gens qui n'y comprennent goutte.*

*Laisse-moi d'ailleurs terminer par un trait personnel que ma thèse rend excusable et dont la valeur quelconque te sera chère assurément.*

*La vie, dit-on, se boit comme le vin, grisant les uns et réconfortant les autres. Est-ce assez vrai en ce qui concerne notre propre fortune qui peut se flatter d'avoir toujours tourné dans le bon sens de la formule ? Avions-nous d'autre souci que d'aller de l'avant sans rien demander, sans rien craindre, sans faiblir et sans gémir ? Et comme nous y avons réussi !*

*Pour moi, bercé sur tes genoux aux bruits de l'atelier, élevé auprès de l'établi de mon Père aux mœurs patriarcales, poussé par mon milieu au travail opiniâtre, fortifié par les leçons d'une sévère austérité, d'une immuable persévérance et d'une piété filiale à toute épreuve (ad maximam gloriam Avunculi mei), j'ai suivi la ligne de conduite que me traçaient des exemples si précieux et contracté dès la première heure des habitudes conformes.*

*Ces habitudes ont été le germe de cette nature, aussi docile qu'indépendante, qui m'a fait le maître de mes fantaisies et m'a permis de toujours marcher droit.*

*Reculai-je jamais devant les difficultés et, sans fatuité, ton orgueil maternel ne témoignerait-il pas de mes protestations à l'occasion ou dans l'imminence de faits plus ou moins révoltants ? Avec quelle ardeur et quelle liberté je défendais mes causes ! Au monde des Esprits Celui de qui je tiens devait en tressaillir.*

*Et ainsi j'ai atteint cet âge où, si l'on a de sérieux motifs d'être attristé par les deuils, les déchéances et les désillusions, on a aussi le bonheur d'apprécier tout le prix d'une vie tranquille au sein de la famille, et où l'on remonte avec volupté aux fraîches impressions de l'adolescence pour en ressaisir les joies et les espérances,*

*joies certaines, espérances réalisées, en philosophe qui travaille à
sa guise, à ses heures, ne s'inquiétant pas trop des événements qui
agitent les contemporains et croyant en bonne conscience n'avoir
plus à redouter du sort que les coups implacablement réservés à
la nature humaine.*

Utinamque adhuc longa et bona sit vita !

*Palaiseau, 12 août 1895.*

# TABLE DES MATIÈRES




TULLE, IMPRIMERIE DE J. MAZEYRIE